近代中外关系系列

华工史话

A Brief History of Chinese Laborers Abroad

董丛林 / 著

社会科学文献出版社
SOCIAL SCIENCES ACADEMIC PRESS (CHINA)

图书在版编目（CIP）数据

华工史话/董丛林著. —北京：社会科学文献出版
社，2011.5
（中国史话）
ISBN 978 - 7 - 5097 - 1639 - 7

Ⅰ.①华…　Ⅱ.①董…　Ⅲ.①华工 - 史料 - 世界 -
近代　Ⅳ.①D634.31

中国版本图书馆 CIP 数据核字（2011）第 075990 号

"十二五"国家重点出版规划项目

中国史话·近代中外关系系列

华工史话

著　　者／董丛林

出 版 人／谢寿光
总 编 辑／邹东涛
出 版 者／社会科学文献出版社
地　　址／北京市西城区北三环中路甲 29 号院 3 号楼华龙大厦
邮政编码／100029

责任部门／人文科学图书事业部　（010）59367215
电子信箱／renwen@ssap.cn
责任编辑／赵晶华　东　玲
责任校对／谢　华
责任印制／郭　妍　岳阳
总 经 销／社会科学文献出版社发行部
　　　　　（010）59367081　59367089
读者服务／读者服务中心（010）59367028

印　　装／北京画中画印刷有限公司
开　　本／889mm×1194mm　1/32　印张／5.5
版　　次／2011 年 5 月第 1 版　　字数／100 千字
印　　次／2011 年 5 月第 1 次印刷
书　　号／ISBN 978 - 7 - 5097 - 1639 - 7
定　　价／15.00 元

总　序

　　中国是一个有着悠久文化历史的古老国度，从传说中的三皇五帝到中华人民共和国的建立，生活在这片土地上的人们从来都没有停止过探寻、创造的脚步。长沙马王堆出土的轻若烟雾、薄如蝉翼的素纱衣向世人昭示着古人在丝绸纺织、制作方面所达到的高度；敦煌莫高窟近五百个洞窟中的两千多尊彩塑雕像和大量的彩绘壁画又向世人显示了古人在雕塑和绘画方面所取得的成绩；还有青铜器、唐三彩、园林建筑、宫殿建筑，以及书法、诗歌、茶道、中医等物质与非物质文化遗产，它们无不向世人展示了中华五千年文化的灿烂与辉煌，展示了中国这一古老国度的魅力与绚烂。这是一份宝贵的遗产，值得我们每一位炎黄子孙珍视。

　　历史不会永远眷顾任何一个民族或一个国家，当世界进入近代之时，曾经一千多年雄踞世界发展高峰的古老中国，从巅峰跌落。1840年鸦片战争的炮声打破了清帝国"天朝上国"的迷梦，从此中国沦为被列强宰割的羔羊。一个个不平等条约的签订，不仅使中国大量的白银外流，更使中国的领土一步步被列强侵占，国库亏空，民不聊生。东方古国曾经拥有的辉煌，也随着西方列强坚船利炮的轰击而烟消云散，中国一步步堕入了半殖民地的深渊。不甘屈服的中国人民也由此开始了救国救民、富国图强的抗争之路。从洋务运动到维新变法，从太平天国到辛亥革命，从五四运动到中国共产党领导的新民主主义革命，中国人民屡败屡战，终于认识到了"只有社会主义才能救中国，只有社会主义才能发展中国"这一道理。中国共产党领导中国人民推倒三座大山，建立了新中国，从此饱受屈辱与蹂躏的中国人民站起来了。古老的中国焕发出新的生机与活力，摆脱了任人宰割与欺侮的历史，屹立于世界民族之林。每一位中华儿女应当了解中华民族数千年的文明史，也应当牢记鸦片战争以来一百多年民族屈辱的历史。

当我们步入全球化大潮的 21 世纪，信息技术革命迅猛发展，地区之间的交流壁垒被互联网之类的新兴交流工具所打破，世界的多元性展示在世人面前。世界上任何一个区域都不可避免地存在着两种以上文化的交汇与碰撞，但不可否认的是，近些年来，随着市场经济的大潮，西方文化扑面而来，有些人唯西方为时尚，把民族的传统丢在一边。大批年轻人甚至比西方人还热衷于圣诞节、情人节与洋快餐，对我国各民族的重大节日以及中国历史的基本知识却茫然无知，这是中华民族实现复兴大业中的重大忧患。

中国之所以为中国，中华民族之所以历数千年而不分离，根基就在于五千年来一脉相传的中华文明。如果丢弃了千百年来一脉相承的文化，任凭外来文化随意浸染，很难设想13亿中国人到哪里去寻找民族向心力和凝聚力。在推进社会主义现代化、实现民族复兴的伟大事业中，大力弘扬优秀的中华民族文化和民族精神，弘扬中华文化的爱国主义传统和民族自尊意识，在建设中国特色社会主义的进程中，构建具有中国特色的文化价值体系，光大中华民族的优秀传统文化是一件任重而道远的事业。

当前，我国进入了经济体制深刻变革、社会结构深刻变动、利益格局深刻调整、思想观念深刻变化的新的历史时期。面对新的历史任务和来自各方的新挑战，全党和全国人民都需要学习和把握社会主义核心价值体系，进一步形成全社会共同的理想信念和道德规范，打牢全党全国各族人民团结奋斗的思想道德基础，形成全民族奋发向上的精神力量，这是我们建设社会主义和谐社会的思想保证。中国社会科学院作为国家社会科学研究的机构，有责任为此作出贡献。我们在编写出版《中华文明史话》与《百年中国史话》的基础上，组织院内外各研究领域的专家，融合近年来的最新研究，编辑出版大型历史知识系列丛书——《中国史话》，其目的就在于为广大人民群众尤其是青少年提供一套较为完整、准确地介绍中国历史和传统文化的普及类系列丛书，从而使生活在信息时代的人们尤其是青少年能够了解自己祖先的历史，在东西南北文化的交流中由知己到知彼，善于取人之长补己之短，在中国与世界各国愈来愈深的文化交融中，保持自己的本色与特色，将中华民族自强不息、厚德载物的精神永远发扬下去。

《中国史话》系列丛书首批计 200 种，每种 10 万字左右，主要从政治、经济、文化、军事、哲学、艺术、科技、饮食、服饰、交通、建筑等各个方面介绍了从古至今数千年来中华文明发展和变迁的历史。这些历史不仅展现了中华五千年文化的辉煌，展现了先民的智慧与创造精神，而且展现了中国人民的不屈与抗争精神。我们衷心地希望这套普及历史知识的丛书对广大人民群众进一步了解中华民族的优秀文化传统，增强民族自尊心和自豪感发挥应有的作用，鼓舞广大人民群众特别是新一代的劳动者和建设者在建设中国特色社会主义的道路上不断阔步前进，为我们祖国美好的未来贡献更大的力量。

陈奎元

2011 年 4 月

⊙董丛林

作者小传

　　董丛林，男，河北盐山人，1952年生。历史学博士，河北师范大学历史文化学院教授，博士生导师。长期从事中国近代史方面的教学和研究工作，以政治史、文化史为主要研究方向，对晚清时期的湘淮派系、教案与社会、社会传闻等方面的论说较为集中。在《历史研究》、《近代史研究》、《光明日报》等20余家刊物发表论文百余篇，在人民出版社、三联书店、台湾锦绣文化企业、台湾立绪文化公司等多家单位出版个人著述十余种。

目　录

目
录

引 言

我们居住的地球，70%多的表面积为海洋所占。那浩瀚的水域，将五大洲紧紧包围而又密切连接着。人类是通过一次又一次的远航探险，才得以最后验证和确认了地圆，建立起全球性的地理坐标，找到了当时迅速扩展洲际、国际联系的主要途径。这是人类在认识和征服自然方面取得的巨大胜利，同时对世界历史也产生重大而复杂的影响。万里重洋，既记录下全球性殖民掠夺的野蛮足迹，也展示着人类文明无可逆转的进程。

我们的华夏神州，头枕着全球第一大洋——太平洋西岸的万里波涛。今天，我们无论在祖国海岸线上的哪一个现代化大港口，都可以看到，一艘艘远洋巨轮井然有序地来往进出，庄严高扬的五星红旗与颜色不一、图案各异的诸多异邦国旗在碧海蓝天之间交相辉映，不同肤色、不同语言的宾主彼此礼貌、友好地致意。此时此刻，我们心中升腾起一股自豪的热浪，为独立自主的社会主义新中国而自豪，为改革开放以来日新月异的变化而自豪，为我国与世界正常联系的空前密切、友好交往的空前扩大而自豪。

抚今追昔，我们没有忘记中国沦入半殖民地深渊的那个苦难年代。是越洋而至的殖民主义者的坚船利炮，轰开神州的国门。侵略者野蛮肆虐的种种罪恶行径，难以尽述，单就为不平等条约所划定的那一个个通商口岸而言，即不啻殖民主义者在中华躯体上啄开的一个个巨大吸血口。一船船包括毒品在内的可攫取高额利润的洋货从这里潮水般地涌入，一船船廉价掠取的原料从这里源源不断地涌出。而在殖民主义者对华的"商战"中，还有一宗惨绝人寰的贸易，那就是拐掠和贩卖华人苦力。"黑奴贸易"的历史是人们所熟知的，而殖民主义者掠夺和贩卖华人苦力，是足可与之等量齐观的一场"黄奴贸易"，只不过在有所变化的背景条件下，多挂出一块所谓"自由移民"的欺人招牌而已，其性质并无多少区别。连美国驻华公使伯驾这样的人物，目睹当时的情况，也不得不承认，贩卖华工的苦力贸易"原来同奴隶贸易是一模一样的"。

这是一场大规模的血腥贸易。关于中国近代时期被贩运出洋的华工人数，说法不一，并且差异较大，但起码不下数百万人。至于被贩达的地点，从东南亚到大洋洲，从南、北非到拉美、北美，从东印度群岛到西印度群岛，从东南欧到大不列颠岛，几乎遍及世界各地。其中最主要的国家和地区，如东南亚诸邦、澳大利亚、秘鲁、古巴、美国、加拿大、南非等，或为西方国家的殖民地，或为宗主国本土。

华人苦力多是被拐骗甚至绑架出洋的，从他们落到人贩子手里的那一刻起，便丧失了自由，受尽凌辱和折磨。据研究者统计，300万契约华工中，有1/3即100万人被折磨致死，另有30万人受伤残废，死亡者和伤残者加在一起，要占到总数的43%。重洋万里，不知埋没了多少中国苦力的尸骨，掩藏了多少他们的血泪！

哪里有压迫，哪里就有反抗。遭受贪婪而残酷的殖民主义者贩卖和奴役的华人苦力，发扬中华儿女勇于反侵略、反压迫的斗争精神，利用一切可能的场合和方式，顽强地与殖民主义者斗争，直至拼死进行暴动，谱写了可歌可泣的悲壮篇章。

被贩卖和奴役的华人苦力，在异邦土地上艰辛劳作，在被迫为奴役者创造了巨额剩余价值的同时，也为所在地的建设作出了巨大贡献，在世界开发史上树立起一座座有形和无形的丰碑。而这又是以出洋苦力们的人身苦痛，同时也更是以一场深重的民族灾难为代价的。

苦力贸易，确是近代中国历史上悲惨的一页。那么，这场惨剧是怎样造成的？它的具体内容如何？这便是本书所要简单讲述的。

一 西方殖民奴役制的长链

 从贩运"红奴"到"黄奴贸易"

　　哥伦布，这是一个在史册上永远抹不掉的名字。在新旧世界大交替、东西文明相碰撞的历史洪流中，他充当了一名弄潮儿，既成为发现新大陆的英雄探险家，同时又扮演了殖民主义强盗营垒中一个急先锋的角色。当时，西方殖民主义者正沉迷于一个极富刺激性的黄金迷梦，而曾在中国留居多年的马可·波罗的那本游记里关于东方黄金遍地、珍珠成堆的描绘，更为这个好梦提供了诱人的美景。只是大洋的茫茫水域将之隔离，这似乎使他们感到只要敢于扬帆舞桨去征服这片水域，即好梦能圆了。于是，便有了以"上帝所选定的神舟"去发现"新天新地"的探险之举。当1492年哥伦布第一次率队出洋远航时，便带着西班牙国王给中国"元朝"皇帝的信函（当时他们还不知道元朝早已灭亡）。这不仅是时间上的误差，而且更发生了空间上的误差。他们把所到达的美洲误以为是亚洲，根据当地多岛的地理特征，猜想那不是中国而是印度，

4

所以就把红棕色皮肤的当地人称为"印第安人"，把这里的群岛称为"印度群岛"。稍后葡萄牙人伽马航至真正的印度，才证实了哥伦布在地理认识上的这一错误，并将这里的群岛改称"西印度群岛"，而"印第安人"的称号却因循下来。哥伦布虽然不曾真到过印度，更不用说中国或日本，也没有找到铺天盖地的黄金，不过，他却为殖民主义者找到了一块偌大的美洲殖民地，以及一个可以奴役和贩运"红奴"的"货源地"。

由此开始，西班牙、葡萄牙、法国、美国、荷兰等国的殖民主义者，在把部分印第安人贩运到本土充当奴隶的同时，还就地奴役、敲骨吸髓地榨取他们的血汗，直至把他们折磨得奄奄待毙乃至灭绝。从 17 世纪中叶开始，殖民主义者又开始从欧洲本土移殖大量"白奴"到美洲殖民地。所谓"白奴"，出自欧洲国家（主要是英国和德国）的无以为生的穷人和罪犯，一直到 18 世纪，贩运白奴成为曾持续多年并有一定规模的殖民"贸易"活动。

由于美洲殖民地种植园的不断扩大，仅仅靠残留无几的印第安人和新贩来的白奴，劳动力仍然供不应求，而且贩运白奴成本较高，殖民主义者便大规模地和更长时间地从非洲掳掠和贩运"黑奴"。这是一场极其残酷的"贩卖人类血肉"的贸易。为了获取黑奴，殖民主义者不惜进行残酷的"猎奴战争"。除直接以武力捕捉外，更阴险地挑唆当地的部落之间进行战争，使其相互掳掠对方的人口以充当能向他们换取一点货物的奴隶。贩运者往往采取"三角航程"，即从欧洲本土装载粗劣货物到非洲换取奴隶，然后驶至美洲出卖，在那里贱买种植园和矿场、工场使用奴隶生产出的各种物品，再满载回欧洲。这样获利极大，18 世纪时贩运一个黑奴即可赚取 40 多英镑。黑奴贸易成为欧洲资本主义原始积累的重要来源之一。这场贸易前后持续近 400 年之久。据估计，运到美洲的黑人大约共有 1500 万～2000 万人。而每运到一人，要以死去几个人为代价。非洲大陆因此丧失的人口至少达 1 亿人。这个数字相当于公元 1800 年非洲人口的总和。

进入 19 世纪，情况发生较大变化：大量的贩运和消耗使得非洲黑奴来源日渐枯竭，成本不断提高，而殖民主义者瓜分和占据非洲殖民地的争夺也日趋激烈。非洲人口的锐减和劳动力的严重缺乏，使这里的商品市场和原料生产都受到很大限制。相比之下，奴役黑人在非洲本土劳动已比贩卖他们到美洲更有利可图。同时，各殖民地人民的反抗斗争也不断加强，废奴呼声越来越高，迫使殖民主义者不得不对他们的统治策略有所顾忌。总之，黑奴贸易渐成为资本主义生产发展和维持殖民主义政治统治的障碍。在这种情况下，当时作为资本主义头号强国、同时也是世界上拥有殖民地最多的英国，率先于 1807 年宣布废除奴隶贸易。到 1833 年，又宣布废除西印度殖民地的奴隶制度。其他殖民主义国家也相继做出类似决定。虽然大规模、长时间的黑奴贸易绝不会凭一纸宣言在一朝一夕戛然而止，而是在继续了若干年之后这段罪恶深重的历史才寿终正寝；但宣布废除奴隶贸易和奴隶制度毕竟显示了殖民主义者所无法抗拒的历史进步，使非洲黑人和印第安人的地位条件较以前有所改善。

殖民主义者原以为，黑人、印第安人一旦从奴隶制解放出来，他们的劳动积极性一定会有更大提高，可以继续任他们驱使。岂不知，备受凌虐的奴隶们一旦获得人身自由，许多人便走入了深山老林，自己开荒立业，不肯再为他人卖命，致使大量种植园因劳力缺乏而减产甚至陷于瘫痪。尽管殖民主义者采取了重新招募黑人和印第安人以及奖励白人移民的政策，但终归杯水车薪，无济于事。

同时，殖民主义者宣布废除奴隶贸易和殖民地的奴隶制度，并不意味着资本主义的萎缩和殖民侵略的减弱，恰恰相反，正是为了适应资本主义发展和全球性殖民扩张加剧的需要。事实上，殖民主义者的祸患不仅仅限于美洲、非洲，由哥伦布引发的西方人远航探险的热潮，很快就把殖民主义者的足迹引及全球各大洲大洋。到殖民主义国家宣布废奴之时，英国早已在澳洲建立起殖民点，东南亚的许多地方，也先后被西班牙、荷兰、英国等所占据。殖民主义者不但在美洲、非洲急需补充新的劳动力，而且在澳洲、亚洲特别是东南亚地区许多殖民地也同样有此需求。于是，已被殖民主义者打开国门的贫弱而又人口众多的中国，便成为强盗们所瞄准的一个理想的苦力源地，他们要靠拐掠和贩运黄肤色的中国人充当其名义上"废奴"后的变相奴隶。

可见，作为殖民主义者所贩运和奴役的苦力对象，从"红奴"到"白奴"、从"黑奴"到"黄奴"的交替（当然这段历史并非前后截然划分，而是重叠交叉），构成了西方殖民主义奴役制的一条接续不断的长链。在这条长链中，"黄奴贸易"作为其中最后一个重要环节，根本上是由世界资本主义发展和殖民主义的疯狂扩张所决定的。

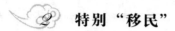

2 特别"移民"

从全世界范围看，当时正值移民第二次高潮（第一次高潮在贩卖黑奴时期）。有关资料表明，从 19 世纪中叶到 20 世纪中叶，欧洲有近 6000 万移民涌向南北美洲、澳大利亚、新西兰以及南非等地；印度约有 3000 万人出国谋生，主要移至南亚、东南亚、西印度和南非一带；日本约有 100 多万人迁至朝鲜、中国的台湾和东北、南北美洲等地；此外俄国境内有 700 万人从欧洲部分迁至亚洲部分，欧洲内部也有 200 万以上的人口在流动。在这百年间，世界人口的迁移总计要在 1 亿以上。在 1 亿以上的移民中，中国向海外的"移民"仅占 10% 左右。如果以"移民"与本国人口总数的比率计算，欧洲有的国家占到百分之三四十，而中国只占 2.5%（以"移民"1000 万，总人口 4 亿计算），的确算是不多的。

但是，应该看到，当时世界性移民潮的出现，固然有一些国家和地区人口相对过剩，而另一些地方居民和劳动力相对紧缺的不平衡性的因素，但主要是由资本主义发展的这根魔杖搅起的。另一方面，资本主义发展固然在有些殖民主义国家本土也造成人口相对过剩，需要向外迁移，但其移民的方式以及移民的地位，与被贩卖出洋充当被役使苦力的华工（以及其他一些殖民地、半殖民地国家的同类苦力）显然不同。中国当时的国外"移民"，主要是被殖民主义者强制执行的，殖民主义者所关注的只是贩卖和役使华工能给他们带来多大的利润，能获取多少剩余价值。

1852 年，英国外交大臣马姆兹伯利给当时英国对华贸易监督包令发的一文，就颇说明问题。在这份文件里，他就中国"移民"出洋问题提出了如下 11 款调查事项：

（1）最近几年是否有移民从你所驻扎的……（删节号为所引资料文本中原有的，似代指某处，下同）口岸出洋？如果有的话，达到什么程度？

（2）这种移民出洋是否得到中国地方当局的批准或默许，对于意欲出洋的人是否立有禁限？

（3）……口岸附近地区的居民，依你的意见，是否适应于在热带地方，例如西印度群岛的气候条件下从事劳动？

（4）在……及其附近，农业工人每天的平均工资有多少？

（5）……人的一般品质如何？他们的工作成绩和劳动能力如何？

（6）如果举办大规模移民出洋，是否会有正派而惯于勤劳的人来参加？或者只会有无用废物或社会渣滓前来？

（7）如果大规模的移民，出洋的人是否会携带家眷同赴外国居住？或者他们只会只身出洋，并以返回家乡为最终目的？

（8）运送出洋移民经合恩角前往西印度群岛，按目前市场行情计算，每个人需要多少费用？

（9）出洋的人是否肯签订契约，保证一定按若干工钱为雇主做工？或者依你的判断，还是让他们自由而不受束缚为佳？

（10）从……地方航行到西印度群岛平均需要多长时间？

（11）详细陈述你认为与移民前往西印度有重要关系，而在前列项目中未曾提到的任何事项。

英国驻厦门、上海、广州、宁波领事和其他有关人员曾就这些问题作了详细调查汇报，提出意见和建议。其中关于中国苦力的"使用价值"，他们说：中国南方沿海一带的人们，很适合于在热带地方工作。该地人在本地炎热的气候条件下劳作时也不戴帽子；中国人体格结实，足以应付一般的田间劳作，虽然干活速度慢些，但是出名的勤恳，而且有耐力。

美国也作过类似的调查，得出大体相同的结论，认为"中国移民是耐劳的、驯良的、服从的，就同奴隶一样，而且很节约。如果他占用一块租地，他将拿出全部精力和技巧，他会竭力使地尽其利而获得最大的收获，不论在任何条件下，他将创造出一种难以与之抗衡的竞争力量。"

当殖民主义者看到中国苦力有着可观的使用价值，

算计出贩卖中国苦力是一桩有巨利可图的买卖时，便疯狂地竞相大做特做起来。至于这桩买卖的具体名目、形式，倒也不完全相同。譬如有的研究者就曾作了贩往"南洋的猪仔华工"、"拉丁美洲的契约苦力"和"美国赊单苦力"几种区分，指出贩往南洋的猪仔华工为"债奴"身份，出面贩掠者主要是殖民主义者豢养下的华人猪仔头、"客贩"，以海峡殖民地的新加坡和槟榔屿的猪仔馆为大本营，在香港、澳门和厦门、广州、汕头、海口等地设立联号；贩往拉丁美洲的契约苦力则由欧洲白人直接经营，一般是由各地殖民政府拨款，委派招工专员或组成"移民公司"，到中国口岸进行拐掠；贩往美国的赊单苦力脱胎于"猪仔制"，所谓"赊单"为粤语"欠船票"的意思（船费由贩方先行垫付），这种苦力主要来自珠江三角洲地区，几乎全从香港以所谓"自由移民"的名义运出，实际上是押身抵债的契约劳工。

不管是上述哪种类型，实质上并无太大差异。无论哪种形式的出洋华工，都多是被拐掠成行的，从经营所谓招工的猪仔馆、洋行或其他特派招工商，到运送他们的船主，再到拍卖商，不论是"一条龙"还是分别经营，无不是层层环环从华工这种"特殊商品"攫取暴利，最后雇下他们的主家，进而把他们当做奴隶役使，最大限度地从他们身上榨取剩余劳动价值。而华工们被迫签订名目不同的卖身契约，完全失去了人身自由，在异国他乡做牛做马，惨苦之极，所以本书除个别之处外，一般情况下不对苦力贸易再进行具体分类，统以贩卖"契约华工"来概括和泛指。

二　落入"猪仔馆"前后

 由一片栏棚说起

厦门是中国近代史上为不平等条约划定的第一批通商口岸中的一处。在英商开办的德记洋行附近，有一片四周用栅栏围圈、顶上覆以草席的低矮栏棚，里面又分割成许多小间。栏棚四周密密匝匝地绕以铁蒺藜网，只在一面安置一道窄小的铁门。栏棚中散发出浓浓的恶臭，更不时地传出一阵阵痛苦的嚎叫，这便是一处"猪仔馆"——囚禁业已拐掠到手的中国苦力的场所。

为何叫"猪仔馆"？具体说法不一，不过有一点是可以肯定的，那就是被拐掠的中国苦力，在贩卖者心目中简直不看作人，如同畜类，故称之为"猪仔"，临时收容他们的地方便被称作"猪仔馆"。这本是一种侮辱的称谓，却也恰恰与中国苦力们被轻侮虐待的非人境遇相吻合，故是当时流行的一种鄙称。这种场所在有的西方殖民主义者口中又称"巴拉坑"（葡萄牙语Barracoon），其原意为囚禁罪犯或奴隶的地方，由此更可说明猪仔馆的性质。

猪仔馆并非只存在于厦门一处，当时南方一些主要沿海口岸（并不仅限于条约口岸）几乎都设有这种场所。

厦门属西方国家直接从中国贩运苦力出洋利用较早的口岸。这里最大的苦力经纪便是上面提及的德记洋行，又叫"大德记卖人行"，它的老板德滴既为英国投机商，又身兼西班牙、荷兰、葡萄牙三国驻厦门领事官。还有一个在该口岸经营苦力贸易的名叫康诺利的英国投机商，他曾先后兼任法国和秘鲁驻厦门领事。他们就是利用这种官商结合且跨国兼职的有利身份，大力从事拐掠贩卖中国苦力。另外还有合记洋行和怡和洋行，也都在这里从事这一罪恶勾当。从 19 世纪 40年代，洋行就开始以厦门为基地掠运中国苦力，及至50 年代规模迅速扩大，仅 1853 年一年就从这里掠走5500 多人。后来在 1876～1898 年间，从厦门出洋到东南亚各地的华人共达 136 万多，其中多属苦力华工。

16 世纪中期为葡萄牙殖民主义者所窃踞的澳门，早在鸦片战争之前就成为非法偷运中国苦力出洋的地方，有时一年贩出达上千人。鸦片战争以后，特别是19 世纪 50 年代以后，随着贩卖"猪仔"的恶潮掀起，这里成为殖民主义者集中和贩运中国苦力的一大据点。1865 年一年当中，就有 23000 人由这里贩出。由此贩运出洋的苦力，多以加勒比海和南美地区为目的地，运往古巴和秘鲁者尤多。古巴有一家专门贩运苦力的"伊邦内兹公司"，在澳门专门派有代理人，7

年当中就贩运十几万中国苦力到古巴、秘鲁、澳大利亚、海峡殖民地等处。为适应这种大规模贩运苦力的需要，澳门不断扩建猪仔馆。据统计1855年时有5家，次年便增至10家，1866年更猛增至约40家，19世纪70年代初葡萄牙、秘鲁、西班牙三国在澳门开设的猪仔馆竟达300多家，靠拐贩中国苦力为职事的达三四万人。此后，澳门虽名义上结束了苦力掠卖，但实际上仍在从事，只不过换上"自由移民"的招牌而已；"猪仔馆"相应改名为所谓"自由客栈"，实则换汤不换药。

香港为英国通过不平等条约割占的殖民地，它成为英、美殖民主义者集中从事贩运中国苦力的主要据点。英、美殖民主义者打着反对贩奴而进行所谓"自由移民"的旗号贩运中国苦力，运往的地点以美国、澳大利亚、英美所属太平洋和大西洋诸殖民地以及加拿大为主。据统计，从1848年到1882年的34年中，运至太平洋沿岸地方的华人即达30多万。他们所"招"的"赊单工"，由于不可能随招随运，须集中到一定人数才装船发运，所以猪仔馆的设施自不能少。殖民当局也不能不承认。香港公共工程局就设置过"完全是牢房"的猪仔馆。只不过以"招工馆"等貌似"客栈"之类的名号掩人耳目罢了。到1906年，香港至少还有23家囚押苦力的猪仔馆。

广州作为《南京条约》所划定的第一批通商口岸之一，也是殖民主义者集中和贩运中国苦力的重要据点。黄埔为集中输出港，又是香港和澳门收罗苦力的中转站，当然少不了猪仔馆，只不过挂着"客栈"类招牌而已。

此外，在汕头、宁波、福州等地，也都设有猪仔馆。属海峡殖民地的新加坡，作为南洋"猪仔"贸易的基地，更多处设有猪仔馆，到 20 世纪初较大规模者仍有数十家。

总之，只要是贩卖苦力的集中、装运以及中转之地，就一定少不了猪仔馆，只是具体名目不同而已。至于这种场所的形式，也不只限于上面所举的栏栅式一种，有的是临时租用房屋或利用破庙之类的闲置场所，有的是专门营造的仓库式建筑，有的干脆就以趸船或运输船代替，把"猪仔"囚禁在船舱里，等待集中装运或满载后出发。这可以说是"水上猪仔馆"。

无论在哪种形式的猪仔馆里，苦力们所受的非人待遇是相同的。尽管让他们栖身的场所简陋不堪，但戒备却十分森严。为了防止"猪仔"逃跑，他们的衣服常被剥光，甚至许多人的发辫被连接在一起，有的甚至被戴上枷锁。当时有人对"猪仔"的惨状作过这样的描述："猪仔者，头蓬蓬而扪虱，囚其首，丧其颜；赤其双足，满身污垢；褴褛其衣，百结其裳；鹄其行，菜其色，如待施之馁鬼。其入猪仔馆内，则重门密闭，食鸡狗之食，眠鸡狗之眠。无一衣以蔽体，无一文以贮囊，如重囚之犯。"由此可以想见，那一个个被拐掠的不幸者，锁押馆内，蓬头垢面，破衣烂裳，饥疲不堪，身无分文，与囚犯毫无两样！

"猪仔"的来路

那么，这些可怜的人们是怎样沦入猪仔馆的呢？可以说，野蛮的绑架加卑鄙的诱骗，便是当时西方殖民主义者获取出洋苦力的全部手段。连殖民当局的官员也不能不承认，这种"强掳及欺骗行为，其残忍已达极点"。

其拐掠方法，一般是由洋商雇用华人中的流氓无赖充当代理人，联络和收买一批拐匪，让他们到民间从事拐掠活动。拐匪们起初多是宣传外国地方如何如何好，可以挣很多很多的钱，诱惑那些无以生计的贫民。随着人们对出洋华工遭遇的逐渐了解，开始把出洋做工视为畏途，拐匪们便转而施其种种诡计，乃至公然掳掠。1859 年冬，清朝广东水师在黄埔曾查获一些拐匪船只，解救出 40 多名还没有来得及被运到猪仔馆的被拐掠者。下面是其中一些人提供的有关被拐掳情形：

杨斌，42 岁，增城县金蓝寺人。他有一熟识朋友李阿华在广州下金福街一喜轿铺当店伙。这天，杨斌进城找他，在沙塘墟遇见龙门县人罗阿桂，此人说也要去省城，邀杨斌上了他的船。下溻船到黄埔后，突然把杨斌绑起，送上一只大的下溻艇关起来。

李盛，35 岁，嘉应州人，卖笔为生。这天，他在番禺县石岗卖货，一个人要了几支笔，共值 1500 文，买主说身上没带足钱，让李盛随他到附近船上去取。

不料李盛刚一上船，便猛地被推落舱底关住。

李禄，14岁，原籍顺德县，后随父母搬到广州西关居住。这天，一个名叫阿福的人说番禺县穿鼻村里正在演戏，非常热闹，要带李禄去观看，李禄信以为真，随他同去。岂知半路上被阿福扭着卖给收购"猪仔"的外国人。对方嫌李禄太小，但阿福仍不将李禄放回，还要等待新的买主。

宋强，19岁，番禺县人，在城关东门开设席店。这天遇见叫苏十和余阿六的两个人，他们说某处正在造一座浮桥，需要席篷，宋强不知有诈，一心想做成这宗买卖，便随两人同去察看。路遇一船，船上的人诬赖宋强偷了他们的东西，硬把他拉往该船，口口声声说要把他扭交巡河兵役法办，其实是倒了几次拐子船。

下面是从长洲猪仔船上解救出来的另外一批被拐掠者当中一些人诉说的情况：

邢阿福，34岁，满族人，家有一妻两子。这天，他在广州西关卖奶酪，有两人招呼他说愿意卖给他一批好货，价钱极便宜，货现在河里一只船上。阿福随之上船看货，突然被他们用铁链锁住，威逼答应出洋做苦力。阿福不肯，便遭毒打，遍体鳞伤，被威胁说如再不答应便要把他抛到河里淹死，阿福只好答应。当再次表示不愿出洋时，又遭一番毒打，被关押在最下面的舱里。

查英，35岁。查恩，25岁。他们兄弟在广州白云山当雇工，这天突遭10个执刀斧的人绑架。他们高声叫喊，无人救应，被拖到黄埔附近的东埔地方，捉上一船运到长洲，要把他们卖作出洋苦力。兄弟俩不肯，拐匪们就用绳子把他们捆住，用刀背轮番拷打。被带上洋船时，查英兄弟还是表示不愿出洋，又遭拐匪更厉害的拷打，并威胁说若不肯出洋只是死路一条，他们只好违心地答应。

容益根，疍户，以船为家。这天有4个人来声称雇船装运木料，船到长洲，拐他上船，要他出洋做苦力。容益根不肯，拐匪们便把他的手脚拇指捆住吊起，身子悬空，整个身体的重量都落在手脚的拇指上。熬不过这种苦刑，他只好答应出洋。待到洋船上，他说实不愿出洋，又被再次吊打，这次吊得更高更紧，还不断向他头上泼冷水。

黄亚复，23岁，在妓院中做仆役。这天，有相识来约他，说到省城可以找到体面些的工作。到了长洲后，才知被骗充当猪仔。他不肯，便被拐匪们捆住两手大拇指，其余手指各夹木棍，嘴里塞了木橛，进行毒打。当上了洋船他再次表示不愿出洋时，又连续遭到毒打，被关押起来不给饭吃。

黎阿苏，29岁，番禺县人。这天他雇船去佛山。在船上被拐匪用下过蒙药的烟蒙了过去，昏睡中被载到长洲，拖至一只大洋船旁边的下溜艇上，逼他答应做猪仔。黎阿苏不从，拐匪们先用刀柄在他身上乱戳，随后又反绑两手，将他浸泡在下溜艇与洋船之间的水里。他叫喊不迭，拐匪们又用东西塞住他的嘴。被拖上船后，他仍不答应出洋，又遭轮番毒打，被折磨得死去活来。

从以上控诉中，不难想到出洋华工遭受拐掠之惨情。

19 世纪 70 年代初，有一篇署"岭南苍生合启"的《救救猪仔论》的文章，深刻揭露道："吾闻拐徒与洋人串通，约有数万，专投人之所好，或诱以妓乐，或供以银两，一入其饵，不拘多寡，如无银还，即拘而赴诸海外。或潜诸四方黑暗之处，于僻静码头，如粤省怡和街闸外之处，声呼过海而成载被擒，售于洋船。或灯后往来之人，竟被布袋套住，拉牵而去者，不知几许。"至于拐匪团伙明火执仗，入室绑架事件，也多有发生。

 ## *3* 还有可怜的"猪花"

被拐掠的不只男性华民"猪仔"，同时还有女性同胞"猪花"。殖民主义者之所以拐掠"猪花"，一是给未婚"猪仔"提供配偶，以把他们长久羁绊在异国他乡服役，并繁衍接班劳役者；二是使用更廉价的妇女劳动力特别是女童工，以更大幅度地节约劳动力，更多地赚取利润；三是把"猪花"卖为娼妓获取暴利。

其实，第一种考虑是相对次要的。殖民主义者通过对中国文化传统和风俗习惯的了解，对这一点的困难十分清楚。譬如当英国在华"招工"人员中有的提出要考虑出洋"猪仔"的家眷问题时，该国殖民当局的大多官员就表示了这样的意见：中国人从来不携带家眷出洋，中国妇女对背井离乡远赴外洋尤甚畏惧，反对妇女出洋的社会的、宗法的势力也十分强大，没有什么理由可以期待中国能提供相当数量的女性移民出洋。并且，即使最穷苦的工人的妻室，也大都是裹小脚的。天足妇女固然可以卖作奴婢，每年买若干个装运出洋也并不费事，但是这样做的结果必将在中国人的心目中造成恶劣印象，并且可能因此与中国当局发生冲突。再就是把这类妇女放在出洋船上，会在男性移民中惹出是非。况且，若劝诱男性移民携带妻子一同出洋，还会因此必须提高预付移民的工资数额从而增加整个移民事业的成本费用。基于这样的考虑，他们也就没在解决男性出洋苦力的家眷妻室方面花费多少精力，倒是为获取廉价劳动力和卖娼而不惜做出惨绝人寰的拐掠妇女特别是女童的罪恶勾当。这从1855年"英格伍德"号船拐藏偷运中国女童一案，便可见一斑。

"英格伍德"号是一艘英国船，注册于英商厦门德记洋行，该船船长柏顿与一位名叫马丁内兹的葡萄牙人贩子勾结，在其船上秘密装载了从宁波、镇海、慈溪一带拐骗的40余名七八岁的女童。他们一会儿说要把这些女童运往菲律宾的马尼拉，一会儿又说要运往更遥远的古巴哈瓦那，卖给那里的雪茄烟工厂。在船暂泊于厦门港口待发期间，船上一位有正义感和同情心的水手，将此事报告了驻厦门的英国领事馆。清朝地方官府也得到消息。依照英国当时有关法律条文规定，贩奴应在禁止之列，"英格伍德"号偷运被拐掠的中国女童显属违法行为。尽管拐此女童的"货主"是葡萄牙人而非英国人，但在事情已被揭露而再无法掩饰的情况下，英方只好表示要查办此案。清朝地方官府也认为这批幼女"多系拐贩而来，事涉拐卖人口出洋，无可置疑"，"罪行弥为重大"，照会英国领事要求"详查案情，并令所属不得掠买中国内地人口出洋"，务使"此种不良恶弊，永远杜绝"。然而，马丁内兹却神秘地"失踪"了，船长柏顿也被"证明"已身染重疫，高烧昏迷，不能进行传讯。结果，偌大一起拐卖幼女案以把这些女童移交给清朝厦门官府自行安排而不了了之。

　　尽管马丁内兹在案发后神秘地"失踪"了，没有受到应有的惩罚，但见证者还是把这个既能说一口流利的英语，又能讲一口非常熟练的宁波土话的葡萄牙人贩子的容貌活生生地描绘了出来，说此人身高五尺七寸，极瘦，鼻子短平，发深棕色，眼珠深色，身穿一件皮上衣，内衬毛皮，下着绿色裤，两鬓稀稀的短髭，上唇一撮浓须。同时，英国领事与其政府有关部门和官员商讨这一案事的往来公文中，所透露出的被拐女童们的悲惨情状，同样成为无法抹杀的殖民主义者的罪证。

　　这批女童是由马丁内兹以每人三五元的价格买下的。她们最初被集中在镇海装上"英格伍德"号船，因风不顺船在镇海海面上滞留两天，又搁浅在沙滩上。女童们被从船上卸下，关置在镇海河口对面的一座房子里，到船浮起来之后，又把她们装上船。几番折腾，孩子们吃不得吃，睡不能睡。当时正值阳历2月初，阴历尚在腊月，饥寒交迫加上惊吓，大部分女童都病倒了，高烧呕吐。而装载她们的船舱，长大约只有9英尺（约合2.7米），宽不出6英尺（合不到1.9米），舱顶又极低，孩子们连伸开腿全坐下来的地方都没有，只能蜷缩着挤在一堆。呕吐物加便溺，满舱肮脏不堪，恶臭难闻，偶一打开舱门，冲面而来的气息即令人窒息欲倒。船长的住舱与之相隔，仅从隔板缝中透过的臭气就使他感到不堪忍受，令船工们把舱板缝堵了又堵。因为卫生条件极差，孩子们身上都生了癣疥、脓疮，加以满身是跳蚤，痒得难熬。她们一个个蓬头垢面，面色死灰，痛苦地呻吟着。就是这样，还免不了被毒打折磨。有目击者作证说，曾看到马丁内兹用皮鞭没命地抽打一个小女孩，孩子仇恨地说："我落到你手里反正是死，与其以后受罪，我不如现在就死。"

这群可怜的女孩虽然最后被截留免于被贩出洋，算是不幸中的万幸，但她们的最后归宿却仍然蒙着浓重的阴影。她们还能有几个回归家乡，投入父母的怀抱呢？

人贩子拐掠妇女出洋卖为娼妓，比贩卖一般苦力更有利可图，因而也就更不择手段。多年间海外华工聚集的地方，妓院不绝，不知又有多少被拐掠的华人妇女沦落此境！

 "自愿"背后的血腥

无论是"猪仔"还是"猪花"，并不像殖民主义者所标榜的是自愿地签订契约出洋的。实际上，一旦落入拐匪之手和进入猪仔馆内，便丧失了一切自由，哪里还谈得上根据自己意愿选择的权利？像上面列举到的被拐掳者，他们经受不幸的遭遇，但毕竟又算是不幸中的有幸者，因为在还没有被装运出洋以前，被偶尔查获解救了出来。而能像他们这样的获救者，对于被拐掠的千百万猪仔来说，所占的比例毕竟太小，可以说是千百不居其一。

分明是地地道道的拐掠，洋商及殖民当局却偏偏声称是出于苦力们的自愿，而所立契约，似乎就是白纸黑字的铁证，因为上面在诸多"自愿"认可的条款下，都有着苦力们的指印或画押。岂不知，这正是皮鞭、刀棍甚至枪口逼迫的结果！一旦被拐骗的华工被猪仔馆从拐匪手里卖下，也就无异于落入监牢。当拐掠者在全副武装的看守们的押送下，被塞进猪仔馆那又窄又小的铁门后，便被教以必须遵守的馆规，特别是当被问起出洋做苦力的原因时，必须回答说因为穷无法谋生，愿意自卖自身。如果说是被人拐掠强迫，就要遭到毒打和各种非刑折磨。所以，猪仔馆里哀号惨叫终日不绝于耳。有的猪仔馆为了掩饰，竟常常敲锣打鼓或燃放鞭炮。因不承认系"自愿"出洋而被打死的人屡见不鲜，也有许多人不甘忍受折磨而自杀。至于偶有乘隙逃跑者，只要被抓回来，多逃不脱被当众毒打致死的下场，所谓"杀一儆百"。偌多"猪仔"死掉，馆方甚至不加掩埋，将尸体往荒滩乱岗一抛了事，任野狗撕叼、飞鸟啄食，尸骨狼藉，腥臭熏天。

更残忍的是，有些被折磨得奄奄一息而尚未死去的人，因难以在短期内恢复劳动能力，失去了其使用价值，也被随死尸一块抛弃。譬如汕头口外妈屿岛上，就成为这样的可怖地场。至于死亡数字，有材料说，仅1852年到1858年间，在澳门一地的猪仔馆里，死掉的就有8000多人。这仍是一个很不完全的统计，而实际数字可能还要比这大得多。那么，偌多年间，偌多猪仔馆，又会有多少"猪仔"丧生啊！

死者固然悲惨，活者亦多磨难。为了保证最后苦力装载出洋顺利通过"验证"，即所谓"契约移民"手续不出纰漏，往往在装载前进行一场至数场的演试。馆方戒备森严地把苦力们集中到一个场地上，宣布马上就要上船启行了，愿意走的站到这边来，不愿走的站到那边去，若果真有表示不愿走者，则对他们再继续进行苦刑惩治。直到他们违心地表示系自愿出洋为止。经过这样的演试之后，才选定日期正式履行离境前的现场签约仪式。届时由招工代理人、运送苦力船的船长、招工国家殖民当局的官员和清朝地方当局的代表等几个方面的人员临场，要苦力们自行高声唱明系自愿出洋，并无强迫和欺骗等情事，然后在预先准备好的苦力们对其具体内容一无知晓的契约上按手印或画十字，签约手续便算正式完成了。假如临场再有表示不愿出洋的，便会被重新带回猪仔馆变本加厉地进行惩治，甚至残酷虐杀。而签约仪式的最后，却往往要由殖民当局的官员出面堂而皇之地宣布："移民们，只相信契约，不要相信任何人的任何诺言。你们只要自己愿意，任何时候都可以离开或是回到自己的家园。"这当然是他们瞒天过海的骗人鬼话！

滴血的金钱

是什么驱动着人贩子们如此丧心病狂地作恶？是殖民主义者不择手段地攫取金钱的贪婪欲望。就是那个拐贩女童的马丁内兹，曾明明白白地告诉别人，他把这些"猪花"一旦送到澳门，驻在那里的西班牙领事自会从他手里接过去，他可以在转手之间从女童身上赚到1600多银元。那么受马丁内兹雇佣的"英格伍德"号船长柏顿呢？没有一笔高额的赚头，他会用他的船作为藏匿被贩华工的水上猪仔馆和运送这船"特殊货物"吗？

每一个设置猪仔馆的洋行，无不张着吞食被拐掠者膏脂的血盆大口。据有的研究者提供的材料，华工们被扣留在猪仔馆期间的食宿费用，包括雇佣匪徒打手，以及经手佣金和利润，也都一股脑儿转嫁到华工身上。据当时的记录，洋行取得契约华工的成本，平均每名在25～30元之间。等到华工上船，洋行把他们连同有关的各人契约让渡转交给船主或者国外受货人代表的时候，所得的契约工身价已经是每名60～75元，也就是说，洋行至少可以从每名契约华工身上稳赚40元左右。这自然不包括运载华工出洋之船的赢利和到达目的地最后出卖华工的赢利。尽管细分起来被贩"猪仔"、"契约华工"、"赊单华工"等不同类型的苦力成本高低不一，但作为第一步经纪者的洋行从每名无论什么类型的苦力身上所赚取的利润，都不会低于上述数额，甚至有的要比这多几倍。这样算来，他们从几十万几百万被贩华工身上，不知要刮取多少不义之财！他们所得的每一块金元，都滴着中国苦力的血！

从大大小小的拐匪到洋行猪仔馆的经纪，组成苦力贸易长链上的第一个环节。其中竟有华人中的败类充当洋人的爪牙。在下边分散活动的拐子手，大多便是此类人。他们为了以拐掠到手一名"猪仔"向洋行换得少仅一元或几元，多则十几元（仅有个别为几十元）的报酬，竟不惜丧尽天良地为虎作伥，拐掠出卖自己的同胞，甚至是相识故友。从上面我们引述的被拐掠"猪仔"的事例看，直接拐掠猎取他们的便多是华人拐匪。由清朝官府捕获审讯得到的一些资料可知，他们多是些不务正业的地痞流氓、闲汉无赖之辈，所以容易被洋行收买。我们不妨看看被拿获的拐匪中的几个例子：

金长兴，29 岁，博罗县人，无妻无子。本来在家以打造锡器为业，因赌博把钱输光，由于认识长洲地方的猪仔贩子，便起意把和自己住在一起的本家兄弟金阿二拐去，卖得十几元钱，随即又在邻船赌台上输光。为了继续弄钱，便决意再多拐卖"猪仔"。

李哲，31 岁，东莞县人，父母兄弟妻子儿女俱全。他是个被革兵痞，不务正业，遂与外乡一个叫李四的无赖，一同到专门掳掠华工的快蟹艇上驾船，参与分赃，并且自己也出面掳人出卖。

童梓，30岁，增城县人。家无妻小，亦无兄弟，父已去世，唯有一母。本开小店为生，因疏懒成性，破败潦倒，遂起歹意，干起拐人勾当，在石龙一带一次就拐了李阿好等9人，说是要雇他们到出海大船上当水手或雇工；用船装了他们骗运到长洲后，卖到那里专门待收"猪仔"的船上，共得120元钱。这笔钱不久就挥霍干净，后来干脆投到专掠华工的船上当水手，靠合伙掳人分赃过活。

像这种败类，他们从洋人手里接过的银元上滴着同胞甚至故友亲朋的血，真是又可恨又可悲。连殖民当局的官员都说，中国苦力掮客、拐子手们的声望很低，名誉极坏，正派的中国人谁也不肯干这种为众人痛恨的"卖人"行业。

至于殖民主义者说华人掮客、拐子手们的非分得利是"巨大的"，并具体举出除从洋行获得出卖"猪仔"的货价外，还常把洋行向已经登记的苦力每天发放的50文铜钱吞剥一部或全部，像这种丧尽天良的事情，华人苦力掮客们当然是完全干得出来的。即使如此，从中真正非分大获其利者无疑还是外国的人口贩子。华人拐子手们只不过是被殖民主义恶魔的唾余所诱使的为之效力的鬼奴，其背后的那些为殖民掠夺暴利所驱使的贪婪残酷的嗜血大王们，才是这场苦力贸易中拐掠罪案的罪魁祸首！

三 "摇钱魔具"与
"浮动地狱"

"摇钱魔具"

继拐掠到手集中囚押之后，第二步便是把苦力们装载上船运送出洋。对于承运商来说，这是一桩有巨利可图的买卖，是装载其他任何货物所无法比拟的。于是，运送中国苦力的航船，也就成了其主人们的"摇钱魔具"。

运送苦力的航商们能获取多大的利润？据西方人士提供的材料，当时航商们从中国将苦力运到美国、秘鲁、古巴，因为里程远近有差异，船主所获取的运费收入平均每名苦力从50元到70或80元不等，而成本不过五六元，其利润高达1000%以上。这般巨额利润，对于那些欲壑难填而不择手段积累资本的人来说，会具有多大的诱惑力！我们当不会忘记马克思说过的为百分之百的利润可以使人冒绞首风险的那段名言，而这种买卖的利润率，已经达到了足以让从事者冒10次绞首风险的数字！何况，这又完全是为殖民主义政权所大力倡导的贸易，经营者决无被判犯法而绞首的危险。若说他们也不免是在冒险的话，那就是在当时远洋航行物质和技术条件本来还受较大局限，而船方为尽多攫利而不惜多装超载，甚至为节约成本而宁肯使用破旧船只，导致航程中发生海难；另一方面，就是不堪忍受途中被残酷虐待、折磨的苦力们起而反抗、暴动，常有将船方人员杀死或将船只破坏与船方人员同归于尽的事例。而在殖民主义者心目中，这种冒险却是非常值得的，何况，他们可以通过严密防范和残酷镇压措施，尽量减低上述那种人为危险。

　　正因为如此，西方国家的航运商们趋之若鹜，西方各有关国家之间并由此展开了一场激烈竞争。先是英国船、意大利船、法国船激烈争逐，到 19 世纪 50 年代末 60 年代初，美国船后来居上，占据优势。据有关资料，开往香港装运中国苦力的美国船，1846 年为 50 只（17296 吨），1859 年时就增加到 185 只（178000 吨），此后更进一步形成垄断之势。运输中国苦力使得美国本来面临萧条的航运业获得了意外转机，尽管美国政府曾于 1861 年表面上宣布禁止该国船只装运中国苦力，但航运商们却置若罔闻。譬如，该年开往古巴的 14 只苦力船中，美国船就占了 9 只。至于运费收入，从 1859 年 6 月 19 日美国《纽约先驱太阳报》透露的"威克菲尔德"号船一次往返的情况即可见一斑：这艘船由纽约开往香港、上海，船方所得租金为 1.4 万元，而回程装苦力开往古巴，运费收入为 4.5 万元，往返共获利近 6 万元，相当于当时建造几条大型飞剪船的成本额。像这样令人眼红的生意，西方其他国家的航运界当然不甘让美国独占，它们竞相争逐，后来，英国、西班牙、葡萄牙、秘鲁等国的船只又交替称雄。

"浮动地狱"

殖民主义者的"摇钱魔具"，对于被运载的中国苦力来说则是地地道道的"浮动地狱"。

当时运载中国苦力的船只，绝大部分还是木制的三桅帆船，而轮船很少。由港、澳和中国沿海其他口岸到苦力接受地尤其是美洲，需要长时间的航行。风帆船的航行季节性很强，每年10月至次年3月，为从中国向美洲西海岸航行的最佳"贸易风"（季风）季节，借助这种风可以大大缩短航行时间，但到美国旧金山一般也得两个多月，到秘鲁则需4个月。若去美洲东海岸和西印度群岛、古巴等地，须穿过马六甲海峡，经印度洋，绕过非洲最南端的好望角，然后沿非洲西海岸向北航行，一般在圣海伦那岛补充煤、水和食品之后，再横渡大西洋，最快也得140天以上，一般需要大约半年，有的甚至航行260多天。

漫长的航程，苦难的日日夜夜，苦力们真像在地狱之中，遭受着非人的煎熬。

为了最大限度地赚钱，各船都千方百计尽多塞装"人货"。按说，有些殖民主义国家政府对于装运苦力也订有规章。譬如英国、美国规定，每个苦力在船舱的铺位要在1.3平方米以上，葡萄牙更规定为2.5平方米，而船舱不得低于1.82米。但这都不过是欺人耳目的空文。事实上，运载苦力的船主无一照此执行。若按船的吨位计算，应载人数一般是平均2吨多装载1人，但船主们虚报吨位，实际装载人数与实际吨位的比例往往达到1∶1左右，也就是说，平均每人只占大约1吨，譬如法国船"埃斯卜兰斯"号于1868年往古巴运送华工，装了300人，而该船实际吨位为300多吨，而虚报至900吨。这在当时是司空见惯的。据一家美国报纸说，"每只船所载苦力人数都超过船的法定载客数额几倍甚至十倍"。如此巨大的超载人数，每个人的收费却并不减少。这样，船方的收入自然就成倍增加。严重超载必然导致苦力们途中死亡率上升。这一点船主们自然很清楚，但他们更精于打这样的算盘：比方一只船额定装载200人，他们加倍装至600人，即使中途有300人死亡，实际运到的还将是300人，比额定多出100人。为了多获这100人的运费，他们丝毫不会痛惜那200人的生命。

为了多装苦力，许多船只特意进行了改造，譬如将原设计的舱内两排通铺改装成4排，并且多为上下两层铺位的夹层舱，每层十分低矮，而每个人的铺位一般只有长1.5米、宽0.5米或更小的面积。这样每个人平均占有的空间就非常狭窄，舱内拥挤不堪，苦力们"日则并肩叠膝，夜则交股架足而眠"。这样拥挤的场所，却无起码的通风设备，而为了防范苦力们闹事，舱外放风时间又严格控制，往往是在严密监视下几十个人一组轮流到舱外透一口气。有的船甚至数月之久也不让苦力们到甲板上走一走。紧闭的舱内，阴暗潮湿，加上卫生条件极差，根本谈不上按规定在载人前清扫消毒，特别是有些从秘鲁装运鸟粪的船更是脏臭不堪。船上又缺乏下水设备，舱内便溺呕物四溢，垃圾成堆，霉味臭气充斥，令人窒息。

大量超员装运苦力，使得船上所携带的淡水、食品相对减少，供应更形紧张。按规定，每人每天的供水不能少于1加仑（约合4.55升），但实际远达不到此数，有时甚至终日停止供水，苦力们干渴难熬，有的只好用身上携带的一二元可怜的卖身钱买水喝，一块银元才买一杯水。有的苦力因偷一杯水喝，便被船主打死。苦力们结伙出舱找水，便被看做闹事，甚至有一次开枪打死几十人。至于漫长的航程中，因严重缺水而干渴致死的事更时有发生。1857年，就发生过一艘苦力船渴死苦力50余人的恶性事件。有的船上，甚至让华工饮用臭水。食物供应也往往达不到规定的数量和质量，有时风浪太大，不能举炊做饭，每人便只发少量的饼干。因储存舱内潮湿闷热，食物多有霉变，有的甚至被渗水浸泡，照样发给苦力们食用。因饮食不洁而致病者很多，经常造成传染性疾病大流行，尤其是肠胃病和痢疾最为常见。船上虽配备有医生，但根本无法应付偌多病人。并且医主大多极端不负责任，不给诊治用药，有的甚至借机戏弄和折磨病人。

为了防止苦力们反抗，船上形同监狱，戒备森严，舱门多被加上铁栅栏，警卫人员荷枪实弹，如临大敌。有的船上装有数尊大炮，主甲板上特别装置排炮、旋转炮，船方对苦力每人都编了号，每天都要进行严格点查。

有的船上干脆采用军事编制，将苦力编为班排，严加控制。稍有不驯顺的表现，轻则呵斥辱骂，拳打脚踢，重则皮鞭棍棒，乃至刀枪相见。有些船上设有专为囚禁惩治苦力的竹笼或铁槛，把不听话的苦力锁入其中，几天不放。有时，船方更丧心病狂地变着法故意捉弄和折磨苦力。譬如将苦力的辫子强行剪去，并以保持船上卫生为名，让苦力们脱光衣服集合到甲板上，由水手们一边用冷水冲洗，一边用大扫帚在他们身上扫刷。

若是遇到风暴或触礁等自然事故，船方自顾逃命，根本不顾苦力的性命，有时全船成百名苦力葬身大海。

3 几则事例

可以说，每一只运载苦力的船，都是一座"浮动地狱"；每一只运载苦力的船，都浸透着殖民主义者的血腥，记录着殖民主义者的残暴。

下面，就让我们列举几则具体事例。

"威佛力"号事件。

"威佛力"号是一艘美国船，1885 年 9 月 27 日在厦门装载苦力 350 人，10 月 8 日又在汕头加装 97 人。因不堪折磨，当夜就有一名苦力失踪（多半系跳海自杀）。停泊期间又有 8 名苦力身患重病，2 名苦力跳海自杀。10 月 12 日，该船离开汕头，目的地是秘鲁的卡亚俄。不日又有几名苦力跳海自杀，患病者也急剧增多，并接连有人病死。该船船长美尔曼也得急性病死去，由弗朗基代理船长职务。10 月 25 日，船行抵马尼拉港，港方决定对该船实行检疫，令其开往6英里外的卡维托地方等候查验。

因为在船方的虐待下十几天里就有多人死去，苦力们不得不与船方交涉，船方在粗暴拒绝和野蛮镇压的同时，更加紧了防范。当船停泊待检时，苦力们以为到达了目的地，想要上岸，弗朗基竟带领船员向他们开枪射击。弗朗基平日就曾无辜枪杀过船上的两名苦力，甚至从甲板缝中向舱里苦力们头上浇开水取乐。这时在他的带领下又有四五名苦力被打死，多人受伤。当苦力们被赶下底舱后，弗朗基命令把舱封死。苦力们被憋得喘不出气来，撬开舱门透风，船方发现后又有苦力被打死，舱门被再度封死，并派有6名水手严密看守。

20个小时之后，当船方打开舱门时。大部分人已经被闷死了。有的痛苦地割裂了喉管，有的吊着颈，有的呈挣扎状栽在水箱里。可以想见，他们在死前曾试图砸开舱门，冲出底舱，却未能奏效。而当弗朗基看到这一切时，竟在航行日志中杜撰道："使我们非常惊异的是，他们已经互相杀害了。"分明是被船方虐杀，却公然歪曲为中国苦力间的互相格杀，多么残酷而又卑鄙！就这样，存活下来的苦力仅有130余人，而310多人丧生——被闷死在舱内的竟多达300人！

劫后余生的苦力们，亲身遭受这非人的折磨，目睹一具具被拖出去的同胞的尸体，他们坚决不肯再继续下一段的航程了。面对驱赶他们换船继续行进的弗朗基及其打手们，苦力们一边苦苦求告，一边比画着他们的脖子，表示如果强迫他们的话就宁可自杀。弗朗基不予理睬，苦力们便以绝食的方式进行抗争。船方无奈破例煮了"很好的米饭"，并加供几桶水送下舱来，苦力们只把水收下，拒不动一口饭。最后他们还是被强行绑架转移到一艘名叫"路易莎"号的汉堡船上，开始了继续前往卡亚俄的苦难旅途。而"威佛力"号随即又返回中国口岸重新装载苦力了。

"发财"号事件。

"发财"号船原名"威克逊"号，为英国船，卖给德国保罗·爱伯勒斯公司。这家德国公司在名义上将其转移给一西班牙航商，经营中国苦力运输。西班牙航商特意在香港进行了装修，在两层甲板之间的大舱前后门和舷侧出入口都安装上铁栅门，并在甲板上安装铁栏杆。1872年8月，该船在澳门停泊装载中国苦力。这时，有一艘名为"罗西塔·德·尼娜"号的运载苦力船因中途发生事故折回澳门，将船上的700名苦力全部转移到"发财"号上，使该船上所装苦力总数达到1005人。原装载的苦力都是从猪仔馆或直接从拐匪手中接收下来的被拐掠者，而从"罗西塔·德·尼娜"号上转移过来的苦力又多受一重旅途的折磨，许多人身上带着鞭打的明显伤痕和血迹。在该船上工作过的一位美国人作证说："这批人当中每一个人都曾遭到最卑劣的、最恶毒的拐骗或暴力的绑架。"

这些失去自由的苦力们当然明白摆在他们面前的将是何等更加悲惨的境地。他们觉得，与其忍受漫漫旅途中和到异国他乡的无尽折磨，不如及早起而拼死抗争。在船于 8 月 26 日自澳门起航后的第 4 天，即 8 月 30 日凌晨 3 点钟，苦力们群起试图控制该船。被察觉后，船方立即向苦力们开枪射击，继而对手无寸铁的苦力施以非刑惩治。有大约 150 个苦力被带上铁索锁在甲板上，有些则被连人带发辫一起缠绕捆绑在铁栏杆或铁栅门上。其余的苦力也被船长传唤到甲板上，喝令依次伏在事先排列开的若干米袋子上，由两个水手轮流用皮鞭和木棍拷打，甲板上很快流满殷红的鲜血。水手们又用含盐的海水向被打得皮开肉绽的苦力身上浇泼。

船继续向着目的地驶进，苦力们昼夜处于严密的押管之下，失去了任何行动的自由，动辄受着残酷责打。每到一处港湾暂泊补充煤水，苦力们都被囚禁在舱内不许出来，所有舱口都上锁紧闭，甚至连病房也封锁起来。当时当地正值酷暑，即使在露天通风场所，也不免汗流浃背，苦力们所在的密不通风的舱里，整个航程中一次也没有冲洗过，污秽的臭气令人窒息。上面提及的那个作证的美国人，事后曾回忆说："我每次走过舱口时，都要扭转头，闭起眼睛，不敢看这个人间地狱。我敢说即使非洲奴隶贸易最盛时期的'中程航道'中出现过的最黑暗的情景，也比不上中国奴隶船上那样可怕。"在这次航行中，先后有 80 名中国苦力丧生。

"花坛"号事件。

"花坛"号是一艘由英商租用的美国船只，1858 年 10 月间，装载 850 名中国苦力由澳门开往古巴哈瓦那。14 日晚 7 时 30 分，航行于南中国海域在风暴中触礁，船体严重毁损，囚禁苦力的中舱也开始进水。船长见船已无法挽救，于是命令放下侧弦的小艇，待船方人员都上去后，便急忙驶离，而全然不考虑解救满船的苦力。狂风卷着"花坛"号一次又一次重重地撞击在礁石上，船身的裂缝越来越大，船舱里的水越进越多，眼看船只就要解体。这时苦力们得以冲出船舱，聚集到甲板上，在被风暴撕卷的滔天海浪的包围中，恐惧而绝望地呼叫着。然而，小艇却越驶越远，艇上人员只为他们自己的逃生而庆幸，而听凭 850 名中国苦力被狂涛恶浪吞没。

4　惨痛的数字

最能说明问题的是航程当中苦力的死亡数字。在这里，每一个数码都失去了它本身苍白的意义而成为惨痛的标志，幻化为一具具当年葬身重洋的苦力们的尸骨。

有研究者曾对 1847～1873 年中国苦力在贩运途中的死亡情况从多种角度作了统计，现选取几项载录。

表 1　按输入苦力的国别计算的海上死亡示例

输入国别	船次	装船人数	海上死亡人数	海上死亡率（%）
古　　巴	31	14952	5509	36.84
秘　　鲁	26	11471	4036	35.18
美　　国	4	2523	1620	64.21
圭亚那	15	1445	433	30.00
巴拿马	2	752	168	22.34

表2 按苦力船船籍计算的海上死亡率

船　籍	船次	装船人数	海上死亡人数	海上死亡率(%)
秘　鲁	10	5155	1714	33.25
法　国	7	3361	1657	49.30
英　国	8	3441	1142	33.19
美　国	7	4415	2046	46.34
意大利	3	930	726	78.06
葡萄牙	3	1597	458	28.68
西班牙	1	325	270	83.08
德　国	1	1005	105	10.45
荷　兰	1	453	45	9.93
萨尔瓦多	1	650	600	92.31
奥地利	1	300	100	33.33

表3 按年份计算的苦力海上死亡率

年　份	船次	装船人数	海上死亡人数	海上死亡率(%)
1847	2	612	41	6.70
1850	3	1190	543	45.63
1852	6	1675	655	39.10
1853	6	2205	832	37.73
1854	3	1438	317	22.04
1856	5	1826	689	37.73
1857	5	2312	896	38.60
1858	8	4068	1086	26.70
1859	5	3744	1534	40.97
1866	5	838	480	57.28
1872	9	4761	775	16.28
1873	4	1892	405	21.41

　　根据以上三表进一步测算，其中按输入国别计算，表中涉及5个国家，苦力运输途中的海上死亡率平均为37.71%，而美国最高达64.21%；按船籍计算，表

中涉及 11 个国家，其运载苦力的海上死亡率平均为
45.27%，其中萨尔瓦多船籍最高达 92.31%；按年份
计算，表中涉及年份 12 个，运载苦力平均每年的海上
死亡率为 32.51%，其中 1866 年最高达 57.28%。

当然，正像上录三表的统计者彭家礼所说，据以
作出统计的材料很不完全，但由此可以反映出苦力在
运输途中死亡率的一个大概情况。并且，所据各有关
国家官方留下的材料，往往是把死亡数字大大压低了
的。据说"有时实际数字要比官方报告的数字大两三
倍"。即使按所统计出的数字，也已经触目惊心了。然
而有的殖民主义者却公然宣称："苦力的大批死亡，并
不是任何人的过失，而是上帝的意志。"多么荒唐的
逻辑！

四 非人的苦役生活

 拍卖场上

在漫漫航程中吃尽苦头，九死一生而侥幸存活下来的苦力们，到了目的地港口之后，等待他们的便是在苦力市场上被拍卖。

第一步收纳"人货"的是苦力进口商（多有专门的经营公司），由其付费给运输商，把"合格"的苦力包买下来。运输商自然从中赚取了可观的利润，而苦力进口商则以远高于付给运输商的价格把苦力出卖给雇役者。

苦力们在下船前，已在船方命令下开始做进入苦力市场前的"自我包装"。为了迎接港方的检查，苦力们被催逼着首先要对船舱作自上船以来的唯一一次较彻底的清扫和整理，然后洗涤他们的衣服，并尽可能整理好他微不足道的"行囊"。为了使苦力们看起来整洁和精神些，以能达到"合格"的标准，船方一般还会破天荒地给每个苦力发一套新单衣、一顶帽子和一双鞋子。即使生病的苦力也被极力督促和"鼓励"

站起来，以挺过"交货关"。

每当一船"人货"到港之前，苦力经营商就已经开始在报纸刊登或在街市上贴出拍卖中国苦力的广告，无非是宣传新到的华工健康状况良好，四肢强壮，驯服易使，没有恶习，适合承担各种苦役等，需求者可来某地接洽，届时看"货"选购。有时，整船整批的苦力被一两家雇主包揽，有时则进行"零售"。

至于拍卖时的具体情形，我们不妨撮述一下西方人士对秘鲁一家苦力进口商"发售"中国苦力所记载的概况：

在接受拍卖以前，苦力们穿起"最好"的衣服，多半就是由船方发给的那一套，一般不外乎一条褐色大裤子和短上衣，头上戴着箬帽，用带子小心地向下颚系牢，怕一阵风把它刮去。苦力们必须把自己所有的一切带在身边，即铺用的毯子、盛东西的小箱子和做饭用的铁锅子。展示和拍卖的地场有时干脆就在甲板上，有时要上岸让苦力们排列在码头上。当选购者选到一个拟购对象，就握一握他的二头肌，在肋骨部捏一两下，以便很好地观察其体格情况。在经受这样检查的时候，中国苦力脸上常呈现出一种难堪的样子，但也不完全是这样，有的人也能表现得比较"灵敏"，尽量把他们身体各部分的"健壮"表现出来。当有些苦力的兄弟、朋友被选上令站在一旁的时候，愿与他们在一块做工以求互相照应的未入选的人，便与入选者互相配合，用语言加手势表达他们的意思，有时竟也能如愿以偿。而绝大多数苦力们表现冷漠。有评论说，这种检查不仅是对被检查的人，而且也是对旁观苦力的一种侮辱。最后拍卖成交的苦力在雇主指派的工头带领下，列队穿过街市，围观者对这班黄肤色、斜眼睛、穿奇怪服装的人高喊"中国澳门"以取乐。

实际情况往往比这更残酷，更带有侮辱性。曾任美国驻华公使的伯驾就这样说过："一位访问过几只到过西半球的苦力船只的绅士告诉我，以前他脑子里从来没有构成如此生动的关于奴隶的概念。他曾同那些到达了目的地的苦力当场谈过话，看到他们被出卖的方式，他们赤条条地（被剥光了衣服）由购买他们的人检验，试试他们的骨节，查看他们的口腔，让他们表演他们的活力。此外试他们勇气的方法，就是用皮鞭抽打，试他们筋骨反应能力的强弱。这些失望的不幸的中国人，单身地或集体地以自杀来结束他们的生存。这类事例，在旅途中和到达目的地以后，都是很多很多的。"

可见，中国苦力在拍卖场上，就像牲口市上的牛羊骡马那样被看待、被检测和被挑选。苦力们自被拐匪获取，被层层加码贩卖，到最终被雇主敲骨吸髓，为之创造巨额的劳动剩余价值。他们终年被雇主当做牲畜一样地役使，甚至连牲畜都不如。非人的苦役生活加难以预测的灾祸，便是中国苦力出洋的最后归宿。

 ## "天国儿子们"的地狱

钦察岛，是当时秘鲁的最大的鸟粪岛。鸟粪岛本都是些无人居住的荒岛，而为百鸟栖息的乐园，岛上有层层堆积的鸟粪，日久年深，加以自然风化，成为坚硬的鸟粪石。自19世纪中叶以后，秘鲁人发现这种鸟粪石可以作为一种优质天然肥料，开始大量开采，并出口国外，成为获利丰厚的一种商品。钦察岛因此成为秘鲁最大的鸟粪工场所在地。

开采鸟粪的工作极其艰苦而繁重。这里地处赤道附近，天气酷热潮湿，在露天场地靠镐刨、锨堆、小车运送的手工作业，劳动强度很大，又须时时受着鸟粪腐臭熏蒸。饮食居住条件又极差，因为岛上没有饮用水，要靠从十几公里外的大陆运储，不能足量和及时供水，饮食加工每成问题。工人居住在临时搭造的简陋工棚，下不隔潮，上常漏雨。开始，这里采掘鸟粪的工作是雇佣自由劳动者，像这样艰苦的环境和繁重的劳动，没有较高的报酬是很难雇到人手的，即使给较高工价，许多人也视为畏途。而对于雇主来说，当然是要尽量压低工价，降低成本，从而获取尽量多利润的。于是，添用罪犯作为廉价劳工。然而，当地的罪犯毕竟有限，鸟粪工紧缺的矛盾仍不能解决。经营者遂把贪婪的目光投注在正被源源贩运西来的中国苦力身上。从秘鲁政府手里承包了钦察岛鸟粪场的唐·伊里亚斯，便成为囚犯般使用中国苦力充当鸟粪工的魔王。一船一船、一批一批的苦力，相继被他招纳到钦察岛，充当了鸟粪工的主力。而雇主对中国苦力役使的残酷，更达到了无以复加的程度。从现场目击或知情的西方人士留下的有关材料中，我们可以得知：

中国苦力一到钦察岛，便有身高力大的黑人工头手执四股生牛皮拧成的鞭子，在码头上接管他们。这种皮鞭被称作"圆号角"，有五尺多长，直径一英寸半，顶端渐趋尖细。用它打人之厉害，足以致人死命。中国苦力们从被接受起便时刻被置于这种皮鞭的监督之下。工头们用皮鞭抽打苦力，竟叫做惩罚"正常过失"。特别是每当到了下午4点左右，已被催迫拼命劳作了10多个小时的苦力们，到了筋疲力尽的程度，劳动效率不免开始降低。这时，工头们便挥动起皮鞭，一个劲地对那些落后的人督促驱迫，以求完成当天的指标。苦力们只要稍有违抗和怠慢，便立刻会受到皮鞭抽打。只一两鞭，被打者便弯倒在鸟粪堆上，接着一鞭一鞭落下去，被打者身上便像刀刺一样皮开肉绽，鲜血四溅，痛得浑身抽搐，满地打滚。而这时旁立的帮凶便骑到他的肩上，使他动弹不得，接着再打。开始几鞭被打者还不免发出凄厉的哀叫，被打到10鞭左右，便昏死过去，气息全无，连呻吟也听不见了。待打到三四十鞭，挨打者却往往仿佛重又苏醒，挣扎立起，但摇晃一下又随即倒下。拷打后即使拖去医治，也难得死里逃生。

苦力们的劳动时间之长，定额之高，强度之大，待遇之低，要求之苛，都到了体力难以支撑的程度。他们每天凌晨4点就得起床上班，干到上午10~11点才得匆匆吃上第一顿饭，食物既不充足，饮水也不卫生。每月工资仅4元钱。而每人每天定额要挖4~5吨鸟粪，大约要装100车（独轮车），运至船上。在那种恶劣的条件下，许多人非伤即病，但不到病得实在爬不起来的时候，不许送入医院。当时在他们中间最常见的是一种脚肿病，据说这种病的性质"和败血症及紫斑症大致相同"。许多有伤病的人衰弱得起不来，还要被迫跪着拣鸟粪中的小石子，而有些因推车过劳双手伤裂的人，则将车用绳子系挂在他们肩上运送鸟粪，完成定额。

一位名叫费达的西方人士有这样一段评说："希伯来人、爱尔兰人、意大利人甚至苏格兰人，为了使恶神息怒并满足其报仇之心时所曾设想的地狱，也比不上秘鲁鸟粪矿藏的开采和装船时的热毒和恶臭，以及被迫来这里劳动的人们所受的苦刑。"这个说法是十分贴切的。

在这种情况下，苦力们对自己的生命还有什么留恋的呢？结束生命，成为他们摆脱苦难的一种手段。许多人跳崖而死，有些逃出来藏在岩洞里的企图伺机报复，但往往被活活饿死。据一个广东香山籍名叫张贵的苦力留下的口述材料：当年他们同批被运至秘鲁的486名苦力（来时775人，途中死去289人），大部分发落到钦察岛当了鸟粪工。每天有很高的劳动定额，完不成，就被工头用绳子将两手指两脚趾绑起来吊打。每天不准多饮水，如果在饮水处滞留一小会儿，就会遭到鞭打。每天夜里几乎都有两三个人自缢而死。还有许多人在岛上高处投海。大凡投海都是约定数十人或上百人同去。因累死、病死、被打死再加上不堪忍受非人生活自杀而死，致使钦察岛中国苦力的死亡率极高，1869 年运往钦察岛挖鸟粪的 4000 名华工，最后几乎全惨死在那里。

到秘鲁的苦力，除了当鸟粪工外，更多的人是到种植园做苦役。19 世纪 50 年代中期，秘鲁当局宣布废除黑人奴隶制，原大量使用黑奴的种植园劳力紧缺，大批中国苦力便成了黑奴的替代者。他们的处境也非常惨苦。

种植园中的苦力们被圈住在所谓"甲蓬"（又称"棚"）里。这种甲蓬与其说是宿舍，不如说是囚牢。有的是一所大棚，有的是将闲置的仓库、破屋等一些处所临时用围墙圈起来，饮水及起码的卫生设备都没有，只为苦力们提供一个卧位。警备十分森严，外围圈得密密匝匝，夜晚将门紧锁，通宵有人巡逻监守，还养着一些恶狗，甲蓬内一有动静，便狂吠不止。

每当凌晨 4 点左右，当疲惫不堪的苦力们还在梦乡的时候，庄园内催促上工的大钟便敲响了，被惊醒的苦力们便条件反射似的迅速爬起来，赶紧到指定地点集合。叼着雪茄烟的值班工头这时早已在那里记点着应到的每个苦力，行动稍迟的则要当场受到责打。在昏沉的灰色曙光中，一群衣衫褴褛全身瑟瑟发抖的苦力们站队应卯，被分派一天的具体工作。然后，就马上携带工具以及粮米、小锅和前一天拾下的柴草出发。到工地一直紧张地干到中午 11 点钟左右，才由苦力们自己随地举火做饭，或啃一点所带的现成干粮。饮食很差，供给的米多粗劣且已霉变，这是园主筛选留用和出卖好米后剩下的糙米。有的目击者感慨地说：

"若以之喂猪，猪亦不能食。"连做饭、吃饭及"午休"的时间在内约一个小时，到12点左右就得继续干活，一直干到傍晚。整天都有监工在旁监督，甚至有的种植园为防范苦力反抗闹事，用铁链把苦力们锁在一起。

当时，种植园主还采取所谓"分而治之"的阴险手段，即在主要役使中国苦力的同时，也雇用一些黑人、森博斯人（黑人与北美洲土人所生的混血儿）、印第安人、麦斯提佐斯人（西班牙人与美洲土人所生的混血儿），在居住和生活上将他们与中国苦力分离开来，给他们以较高些的待遇，并故意教唆他们仇恨和歧视中国苦力，唆使他们一同防范华工，甚至监工中相当数量的人是由他们当中对华工特别凶暴者充任。这种被收买的监工，本出身于奴隶，在种植园主的经常教唆、挑拨下，认定华工是他们的继承者，应承受比他们或他们的前辈曾遭受过的更大痛苦，因而变本加厉地折磨华工，甚至有人以使用曾被庄园主用来打过自己的鞭子无辜抽打华工以寻欢取乐，得到一种心理上的满足。至于对冒犯规约苦力的惩处简直更是无所不用其极。

关于在种植园服役华工所受凌虐的状况，当年曾赴秘鲁考察华工情形的清朝一位官员留下了这样的记述："查视秘境各田寮华工，所到之处，接猪仔禀词辄数百纸。据其所述苦情及寮主苛虐之状，受者丧胆，闻者酸鼻。闻各工每日晨起以铁链锁牵就役，饷食不过面包一块，香蕉两枚，日晚牵归，监以黑奴。稍怠

则鞭棒交下，鞭死勿论。夜则严闭一室，用铁环桎其
手于木榻边柱之上，转侧皆难，恐其逃也。又有恶犬
数十头，间有逃工，则放犬四出，嗅气寻觅，十无一
免，觅得咬噬拖回，用手枪击死；不回，则终亦是死。
或用火烧死，或置于水牢之中泡烂而死。有一寮主尤
凶异常，杀华工以千百计，积其颅骨，垒砌花台，俨
示奇观之意。噫！何其酷也。"

而秘鲁人中间，当时流传着这样一首诗歌：

> 你无处不遇华工，
> 从装运鸟粪，
> 到谷地耕耘。
> 从手工劳动，
> 到清扫街上的灰尘。
>
> 还为平民服役，
> 你曾听说，从事任何工作，
> 他们都尽心尽意。
> ——我们国人在想着什么？
> ——雇有华工该多么神气。

当时秘鲁殖民主义者的"神气"，是建立在残酷役
使大批中国苦力基础上的，从 19 世纪 40 年代末到 70
年代中期的 20 多年间，就有至少 10 多万华工被贩至
秘鲁，其死亡率、伤残率高得惊人，不消说鸟粪工，
即使在种植园供役者也是如此。譬如有材料说某种植

园买来 186 名华工，仅 6 个星期竟死去 37 人。凡到秘鲁供役的中国苦力，活下来而不带伤残的实属鲜见。至于按约期生还者，更是寥寥。到该国的中国苦力所订契约一般为 5～8 年，由于受虐待能存活到期满者不到 1/3。而对雇佣期限，雇主也极少履约，期满往往还要再增加 3～5 年工期。这期间不知又有多少人死去，即使侥幸活下来的一般也无力积蓄钱财为自己赎身，难以成为自由雇工或有资返乡。而一旦丧失劳动能力，只有带着满身的病残流浪乞讨，终不免成异乡之鬼。秘鲁的一家杂志曾载文说："秘鲁对这些天国的儿子们（按：指当年的秘鲁华工）来说，简直是一座地狱，他们的血和汗使秘鲁河谷流水为之上涨，沿海的任何一块土地上都至少有一座华人的墓冢。"

 ## *3* "甜岛"苦海

> 肉破皮穿日夜忙，
>
> 并无餐饭到饥肠。
>
> 剩将死后残骸骨，
>
> 还要烧灰炼白糖。

　　这是当年反映供役于古巴的中国苦力悲惨遭遇的一首诗。古巴，这个加勒比海的岛国，以种植甘蔗和制造蔗糖为经济支柱，故有"甜岛"之称。自 16 世纪初西班牙将该岛占据为殖民地，到 19 世纪中叶，开始大规模贩运华工到该岛役使，华工主要从事甘蔗种植和制糖，遭受了骇人听闻的凌虐。据说，为了制出的糖光亮洁白，通常掺入牛骨灰，而若掺入人骨灰，则颜色更白。当时大量华工被折磨致死，草草浅埋，或干脆暴尸荒野，竟有场家敛其骨磨碎掺糖。上引之诗，便是控诉这种惨事。下面，就让我们看看古巴华工的基本情况。

有一份典型的华工契约，为当年古巴一家较大的从事苦力贸易的公司瓦加斯公司（哈瓦那亚洲公司）所制，它无异于华工的卖身契。上面写着：

我 _____ 出生于中国 _____。现年_____。今与瓦加斯公司签订契约，条文如下：

①我保证乘公司指派的船赴古巴哈瓦那。

②我保证服从多利西斯、裴朗和杜比利斯先生（按：公司头目）或他们转让的任何人吩咐，在古巴工作8年。不论他们派我到田地上、村庄里还是私人家庭、工厂或任何地方，不论派我耕种、修路、种咖啡、打铁、当家仆还是任何其他工作，我都保证服从。

③8年工作期的算法是：如我抵达古巴时身体健康，就从到哈瓦那以后被买主领去的第一天算起。如抵达古巴时生病或不能立刻干活，就从离开医院的第八天算起。

④工作时间要根据工作性质由买主决定，有时只能断断续续休息。但每隔24小时可以集中一段时间睡眠。早晚饭时间以当地工人的休息时间

为准。

⑤除非因工作不能停顿，否则每天下班后及星期日都无须工作。

⑥我必须遵守工厂、车间、田间或私人家庭所订的规章制度。如在工作时表现懒散或未执行园主或监工的命令但不足以构成刑事罪的错误时，我必须服从园主或监工的惩罚。

⑦在契约规定的8年期限中，我保证在任何情况下都始终如一地为东家效劳，决不找任何理由或借口从他手下逃跑。

⑧如生病超过一星期，我同意停发工资。待我身体复原能重新工作时再发给我工资。

以下是瓦加斯公司代表资方与我签订的条文：

①从8年工作期的第一天算起，资方每月付我4元工资。

②资方每天供我8两咸菜和2磅半白薯或其他粮食。

③我生病住院时，资方负担一切医药费用，直到我出院为止。

④资方每年发给我两身衣服，一件毛衣，一件绒毯。

⑤赴哈瓦那的旅费及船上费用均由公司负担。

⑥启程前公司发给我价值4元的3身衣服、铺盖以及旅途中的必需品。此项用款连同前条的8元共计12元，待我抵达哈瓦那后，资方可以从我每月工资中扣除1元还公司，12个月扣完。我接

受上述两条的硬币和衣物后，保证按上条规定在哈瓦那将 12 元陆续付还。虽然古巴自由工人和黑奴的工资多于 4 元，但因资方给我其他福利，我同意我的工资定为 4 元。

契约双方为保证严格执行上述条文，兹在两份内容相同的契约上分别签字。

本契约签订于＿＿年＿＿月＿＿日，于＿＿。

这份契约很具有代表性，当时"招"工的殖民主义者使用的华工契约多与此类同。我们把它的前后两部分所有条文都原原本本照录下来，从中不难看出其条件的苛刻和所具有的残酷奴役性质。并且实际上，契约中所规定的给予华工的本来就很微薄的待遇，也在很大程度上不能兑现，而契约中对华工规定的苛刻要求，却又漫无限制地违约和加码。这从当时清朝官方派员对古巴华工进行实际调查所获取的大量翔实材料中即可见一斑。1874 年，选带留美学生委员陈兰彬等奉命赴古巴进行了这一专项调查，将总理衙门函开饬查的 51 条事宜一一调查详复，并节录了在古巴各地华工的诸多呈词汇报。这里择其点滴撮述如下：

古巴华工被拐骗而来者占到 80% 以上，他们大多被卖到甘蔗园兼制糖场（当时惯称作"糖寮"）做苦役。场主唯利是图，根本不顾华工的死活，让华工"食狗彘不屑食之物，做牛马不能做之工"。一天只开两餐，有时每餐只给三四条生蕉，而工作时间往往长达 20 个小时。做工时刻受到工头的严密监视，动辄就遭鞭笞棍打，甚至任意动苦刑折磨，"纵横千百里中，监房不下数千间，脚镣不止数万副。内中被虐工人呼冤受痛之声，皮开肉绽之形，刎颈、悬梁、吞烟、投水之事，不一而足"。对华工所用的锁链，有的重达50多斤，最轻的也有20多斤，多有头颈和双脚连锁者。酷刑折磨还往往伴以人身侮辱，譬如，有的行凶者拘锁华工还要逼其学羊叫、狗叫，如果不学，就更要加重刑罚。园、场中都养有成群的恶犬，纵狗撕咬华工习以为常，有许多华工被咬伤留残，甚至被活活咬死。

按契约中的规定每月发给华工4元工资，这只相当于古巴工人工资的1/5乃至1/10。这样微薄的工资许多雇主往往还要无故拖欠、克扣或拒发，有的华工干了几年也拿不到工钱。任意延长工时更是习以为常和非常普遍的现象。契约期满，雇主往往不给相应凭据（称为"满身纸"），强迫华工继续为之服役几年、十几年甚至直到华工死去。而对雇主的违约行为华工控告无门，有的与雇主讲理或是到古巴地方当局投诉，不但不能讨得公道，而且要受到严厉责罚，罹受被毒打或投监的厄运。他们以及违犯其他禁令（如没有获发、持有准许上街的名叫"行街纸"的特别通行证而上街者）的华工，往往被押入"官工所"，实际就是政府管制下的"罪犯"集中营，一旦来到这里，华工们便完全丧失人身自由，每天被迫从事繁重的架桥、修路等官役，没有一点工资，直到有新的雇主雇去为止。倘若被新的雇主辞退，便重又沦落至官工所。

陈兰彬等人在向总理衙门的报告中对在糖寮做苦

役的华工情形，有这样一个总括性叙述，说"其工夫过重，其饮食过薄，其做工时刻过多，其被棍撞、鞭拷、锁押等诸般荼毒又最甚，递年各处打死、伤死、缢死、刎死、服毒死、投水死、投糖锅死者累累不绝，现时折手、坏脚、瞎目、烂头、落牙、缺耳、皮开肉裂，指请验伤者已复不少，凌虐实迹人所共见。况工满合同年限之后，工主多不给满工凭据，仍勒令再作数年或十数年，依然照常受虐。倘不肯允，即送工所锁押修路，无工限，与官监人犯一律，务使华工必由工所出雇于商人，立新合同，俟其满日复送工所，如此者至再至三"。

在糖寮服役的华工情形，是当时古巴华工的一个缩影，其他行业的华工也同样受着非人的虐待。古巴华工的遭遇之惨是普遍的，也是令人触目惊心的。就说他们的居所吧，凡是有较多使用华工的雇家，多是让华工居于集中营式的处所。对此，华裔古巴人朱法特·拉同尔有这样的描述："集中所的房子像监狱一样高高耸立着。房子内部阴暗潮湿，通风极差，整座房子只有三四扇窗和一扇门。在一间大屋子里，中央有一排木制的脚枷，被惩罚的人晚上睡觉时，把两脚伸进木枷的窟窿里，被锁上，直到第二天早晨去上工时，才能把脚从木枷里抽出来。屋子四周肮脏的墙壁上挂着很多手铐。"这哪里是宿舍，简直是刑讯室！每天深夜在这样的地方短暂地"歇息"上几个小时，就要被驱赶到苦役场劳作。这便是古巴华工的生活日程！在这种条件下，当时古巴华工能生存到契约期满者只是少数。据不完全统计，1847～1867 年 20 年间掠卖到古巴的大约 15 万华工中，在契约期内死去的就有 2/3。据一位名叫甘沙罗·奎撒的古巴学者提供的研究结论，华工在古巴服役 8 年中死去的人数要占其总人数的 75%。

"黄金梦"破与铺路白骨

翻开美国华工编年史，我们可以看到，在美国移民当局的正式记录中，1820 年是第一个中国人到达美国的年份，尽管在此以前，已经有过少数中国人到达那个国度。从 1820 年到 1840 年的 20 年间，也只有 10 多个中国人到达美国的记录。而从 19 世纪 40 年代末到 50 年代初的几年间，竟有 2 万多人涌入美国，形成华工入美的第一个高潮期。所以如此，与当时美国加利福尼亚州兴起的淘金热有着直接联系，也在很大程度上由于华工贩子们渲染，乃至无中生有地杜撰那一则则淘金发财的神话般的传闻。这种传闻在广东沿海等地纷纷扬扬，诱使一批又一批在家无以为生的人们，被塞进开往大洋彼岸的"特别货船"。不消说，他们中有许多人在旅途中就葬身鱼腹，即使到达目的地加入淘金行列，绝大多数也只能沦入"落魂异国服苦役，只为他人做嫁衣"的境况，何尝真能成为积金致富的幸运儿。

当年的加利福尼亚淘金区，是个穷凶极恶的强梁世界，华工尤其成为被欺辱侵夺的对象。真真假假的税吏和凶神恶煞的暴徒对华工非法勒索和无端施暴习为常事,甚至有许多华工被杀害。加利福尼亚州立法会议的一个委员会于 1862 年提出的一件报告里就谈到,有 88 名华工被美国白人杀害,其中 11 人被税吏所杀,而杀人凶手却逍遥法外。对此,一位美国官方人士坦率地评论说,实际上,上述被杀掉的中国人,"只占受害华人总数中的一个极小比例","众所周知,加利福尼亚州境内,特别是采金地带,存在着对中国人大规模施行迫害的风气和制度,即使在世界上最野蛮的国家里,这类行为也是一种耻辱"。据这位官员的引证材料,当时许多税吏经常随身携带空白执照在淘金矿区里到处巡行,他们一遇到中国人,不管是否在淘金,一律强迫他们纳税,甚至连不能行动的华人病号和残废也不能幸免。税吏常常要在一个矿场上屡次出现重复收税,还有些税吏是冒充的。如果华工拒绝付款,他们就立刻拳打脚踢,刀棍齐下,或者拔出枪来轰击一通。矿场上常常可以看到税吏把华工绑在树上挥鞭痛打。或者税吏骑在马上,押解一帮用绳子连在一起跟跟跄跄连跑带爬的华工,对他们边打边骂。

华工在这里难以有顺利的工作和生活,每当有的华工找到较好的淘金场地,美国白人总要把他们赶走。曾有一伙华工花钱买得一段河床淘洗金沙,由于得法,矿业兴旺,不久河岸上悄然出现了一处小规模的华人居住区。岂料一个黑夜里,突然闯来一行 7 名全副武装的美国白人,他们怪声呐喊着,用手枪向毫无防备的华工连连射击,把他们驱赶出场区,搜劫能够找到的所有金砂、现款和一切值钱的东西，然后把这里所有的房屋窝棚付之一炬，并且乘着火光把财物劫掠到河的对岸，在那里安营扎寨，俨然以矿场的主人自居。受害的华工向当地官方提出申诉，结果却是抢劫的歹徒们胜讼。这伙华工失掉了他们辛勤劳动换来的全部资财，陷入破产，终于被迫离开了这个地方。

总之，来此淘金的中国苦力，"大多数人得到的只是繁重的劳动与穷困，并常常为淘金热的洪流所吞没"。然而，路径既开，还是有一批又一批的华工继续前来美国。

随着加州淘金热的渐趋冷却，便有越来越多的华工分散到其他行业出卖劳力，譬如洗碗工、洗衣工、人力车夫、家庭仆役等等。特别是在 19 世纪 60 年代美国修筑太平洋铁路的宏大工程中，华工付出了巨大的代价。但他们却同样遭受到很不公正的待遇，落得十分悲惨的下场。

这条铁路西起旧金山，东至大西洋沿岸费城，横贯美国全境，总长 4500 多公里，由联合太平洋铁路公司和中央太平洋铁路公司承筑，分别由东、西两端向内施工。相比之下，联合太平洋铁路公司所承建的路段多处是人口密集、劳力充足且地形有利的平原地带，施工条件优越，而中央太平洋铁路公司所承担的路段多处是地形险峻复杂、人烟稀少、劳力紧缺的区域，施工条件十分艰苦，而最大的难题是招收不到足额的和合用的劳工，致使工程进展缓慢甚至陷入停顿。东部工程进展顺利的消息频频传来，这更使得中央太平洋铁路公司急不可耐，因为事关两公司激烈竞争的优劣成败和巨大实际利益。在这种情况下，中央太平洋铁路公司想到了试用华工。结果出乎公司大亨们的预料，在他们心目中体质衰弱、生性愚笨的华人，在劳动中却表现出惊人的耐力和灵巧，事实证明他们比其他任何雇工干得都出色，而所支付的报酬又为数极低。唯利是图的公司大亨们惊喜地发现这是一桩绝顶合算的"买卖"，于是大规模地招用华工，华工遂成为该公司所承筑路段施工大军的主力，最多时达到 2 万人，而前后参加过该筑路工程的华工则不下四五万人次。

一切艰巨危险的工作无不是由华工来完成的。施工难度最大的路段是通过内华达山脉和落基山脉的绝壁峡谷。1865 年间，施工到了该区段内的霍恩角，这里是花岗岩的悬崖峭壁，陡峻如刀削斧刹，下面是咆哮奔腾的阿美利加河，谷底与崖顶相距 2000 英尺，而铁路则要在高出谷底 1400 英尺的崖壁上凿槽铺筑，采用的又是相当原始的办法和简陋工具。华工们置身篮筐当中被从崖顶用绳索系下，悬空作业，凿石钻眼，安置炸药，点燃火线，然后被拉上崖顶。如此一次一次地上下，一点一点地开凿，直到开出路基铺设铁轨。有许多悬空作业的华工因没有被及时拉上而被炸得血肉横飞，有的则因绳索磨断坠入谷底被摔得粉身碎骨。在高山区开凿隧洞的工程也十分艰巨。通常使用的黑色炸药无济于事，而当时硝化甘油炸药刚刚问世不久，对其性能尚把握不好，使用起来非常危险。但这样的炸药爆炸力强，并且价格便宜，工程当局决定改用这种炸药，许多华工就在使用这种炸药时丧生。严冬季节在山地的大风雪中施工，条件异常严酷，路面积雪厚至几十英尺，以致根本无法清除，只能在积雪底部打涵洞作为通道。华工住宿的棚屋也为积雪覆盖，只得挖掘烟筒似的通气孔。在这种情况下，华工们还得坚持施工，每天由雪底通道往返于工地和宿舍之间。一位美国人记述说："随着雪在顶部山脊聚积，雪崩频繁发生，其先兆仅仅是一声雷鸣似的声响，一秒钟后，一队工人，一间棚屋，有时整个营地都以令人晕眩的速度坠落到几英里之下的峡谷底部。"就这样，许多华工葬身雪海，有些连尸体也不能及时找到，直到天气转暖冰消雪融之后才被发现，有的手里还握着铁锹或大镐。

在这项工程中究竟死了多少华工，没有一个精确的统计数字，据说，单遗骨运回中国埋葬的就有1200多人，恐怕更多的是埋骨异邦了。有材料说，在前后参加筑路的四五万华工中，丧命的不下万人。由那穿山越岭无际伸延的黝黑双轨，那成排的枕木，不禁让人想到筑路华工的累累白骨！

华工们付出的是血汗乃至生命的代价，公司大亨们榨取的是最大限度的剩余价值。华工们被驱使干最重、最危险而白种人决不愿干的活计，每天劳动时间要比白种工人多4个小时以上，报酬却不抵白种工人的一半。仅工资差额这一项，公司每年多得的利润就达数百万美元。而通过承筑中央太平洋铁路，公司大亨们净挣利润6300万美元，还得到总面积900万英亩的土地。这当然也主要是靠华工们的血汗和生命赚取的。

然而，在铁路竣工的隆重庆典上，竟然不允许华工参加，各方面代表的讲演中，也没有一个人、一句话再提及华工，似乎他们压根儿就与这项宏大的工程无缘。对于华工来说，更为灾难性的后果是，铁路建成后所促发的向美国西部移民的浪潮，以及恰在此际爆发的持续数年的经济危机，使得就业竞争严重激化。在这种情况下，美国资产阶级极力煽动民族沙文主义情绪，推动起排华的险恶浪潮，使得华工陷入备受凌辱甚至连起码的人身安全保障都没有的境地。

"黑非黄奴"

饱受殖民主义蹂躏的非洲大陆，作为当年千百万"黑奴"的来源地，又叠加上"黄奴"的斑斑血泪。

经过 1899～1902 年的英布战争，英国殖民主义者兼并了德兰斯瓦尔和奥兰治两个布尔共和国，进一步扩大了它的南非殖民地。新占领区丰富的金矿资源，早为英国殖民主义者垂涎三尺。然而，历经战乱，许多矿井荒废，金产量下降，使得英国新占领区面临经济萧条、财政困难的境况。要摆脱困境，巩固殖民统治，攫取这里的宝贵财富，就必须恢复和发展金矿业。而恢复和发展金矿业，又必须补充足额的廉价劳动力。以往南非的金矿主要是依靠土著劳工开采。这里的金矿多埋藏在砾岩层中，要掘井开采，不但强度大，而且非常危险，死亡率很高，白人是决不愿干的。即使有少量白人受雇，也要付给他们相当于土著人工资10倍的报酬。而战乱之后，又远没有足额的黑人劳工可供役使。于是殖民主义者很自然地想到了输入华工。他们有着做"黄奴贸易"和在东南亚海峡殖民地等处役使华工的多年"经验"，认定输入华工是解决问题的"惟一希望"和"可靠保障"。于是，很快掀起了一股向南非新占领区贩运华工的旋风。仅德兰斯瓦尔一地，1906年时中国苦力即达5万余人。从源地看，他们主要不是来自中国南方沿海地区，而是来自中国北方直隶（今河北）和山东，主要的出港口为秦皇岛和烟台。

殖民主义者把南非华工也同样完全当做牛马不如的奴隶来役使和摧残。当年曾有一位亲临其境者在一封书信中，悲愤地诉说了德兰斯瓦尔南部的威特瓦特斯兰德（通常简称"兰德"或作"伦德"）金矿的情景。文字浅显易懂，不妨抄录于下：

"其地（指兰德金矿）围以铁栅，华人入此不许再出，日用饮食衣服只许在围内购买，亲朋亦不许过问。围内之货物不论精粗美恶，其价之昂贵十倍于商店，以故一月所得一镑五先令工资不能敷一月之用。华工之做满三年仍是赤手空拳，不能不再充骡马之役；有死而莫余一钱者。所给工资均系铁币，除围栅外无人找换，必满期时始准照铁片多寡以金币给之。其最苦者，金矿之地窖深浅不同，有一二百英尺者，有五六百英尺者，其上落均有机器，倘一失足则为齑粉。且地窖黑暗，非灯烛不可，故人戴一帽，帽上插一洋烛取光，以便做工。而充是役之人或以铁棒凿石，或以炸药爆石，有时石壁倾倒，压毙于矿内者时有所闻……其做工也，稍不足工头之意，则驱之以僻静之处，系其手足，吊于空中，酷刑毒打。即有疾病，必须饮食不进，举动不能者，始准舁往医院调养，否则照常操作，不得安息。此等惨苦之情形，真令人闻所未闻矣。"

当年，还有一位名叫约翰·克利福的英国人，根据铁证如山的诸多材料，写成《兰德矿区的华工》一书，其中关于如何惩治华工，该书叙述说：

当时英殖民当局的"法律"规定，只要华工触犯"矿规"就可鞭打。所谓"触犯矿规"包括撞了旁边人或是推了白人监工一下，工间停歇或是完不成定额等，由矿方随意解释。只要白人工头说一声某个华工犯了矿规，那个矿工立刻就被传唤到矿地管理员办公室审讯，管理员根据其"犯罪"轻重决定鞭打数量——5鞭、10鞭或20鞭。一声令下，"犯规"华工被剥下长裤，按伏在地，由掌刑者挥鞭抽打。所用鞭子起初是犀牛皮鞭，往往把人打得皮开肉绽。后来矿方发现用橡皮带打人更使人痛疼又不留伤痕，便改用这种鞭子。鞭打之外，又有其他若干花样翻新的毒刑。譬如，用一根细绳扎在华工的左腕上，然后将绳子系在离地9英尺的木梁上的一只铁环里，把绳拉紧使受刑人的左臂举到和地面垂直而其两只脚尖刚刚点地，这样持续两个小时。其间受刑者如果腿脚稍稍蜷动，他的身子就会悬起摇晃。还有一种刑罚，把华工的手铐在一根横梁上，横梁与地面的高度刚好使他既不能坐又不能站，只能弯腰曲身，持续两个小时放开后，受刑者的两腿已经摇摇晃晃不能走路了。

殖民主义者就是这样惨无人道，像牛马一样役使华工，还要如此变着法地折磨华工，贪婪而又残忍可谓达到了疯狂程度。仅兰德金矿的华工，一年之内就有近千人被折磨致死，千余人终生残废，五六千人身患重病。但是殖民主义者和他们的辩护士们却从世俗到神学的不同角度大力宣扬其摧残华工的"合理"、"崇高"和"神圣"。对此，《兰德矿区的华工》的作者曾这样评述："近来英国有一股亵渎上帝的逆流，有人居然把满足贪婪的可耻行为说成是出自基督徒的崇高而神圣的动机，罪犯为了逃脱搜捕，任何藏身之处都会钻进去，但提倡或支持在兰德奴役华工的人士为了掩护自己竟藏身在十字架下，这不能不说是亵渎上帝。"这位颇富正义感的英国人士又愤慨地写道："在南非奴役华工这件事是经济范畴内一个严重的错误，是人类相互残杀史上血迹斑斑的一页。"但是那些人口贩子却"竟然声称这个制度一定要维持下去"，"不，绝对不行！这不是'需要'，这是把英帝国建筑在人的尸体上；这不是'自由'这简直是犯罪！如果有人说'华工不是奴隶'，那么他的话就是世界上最无耻的推诿和谎言！我们每个英国人都应该正视自己的责任，立即行动起来，阻止我国倒退到野蛮时代。"

6 南洋血泪

当时为西方列强分割占据的东南亚各地（通常所谓"南洋"），是华工最集中的地区。早在鸦片战争前几年，荷、英等国的殖民主义者就与葡萄牙殖民当局相勾结，利用中国澳门为据点，不断偷贩华工出洋。鸦片战争以后，特别是华工出洋的禁例被打破后，更有大批华工被源源不断地贩至南洋各地。而英属殖民地新加坡、槟榔屿等处还成为向南洋其他地方和世界各地贩卖华工的巨大转输站。南洋各地的华工大多被投入矿井和种植园做苦役。这里仅以荷兰殖民主义者统治下的文岛（今印度尼西亚的邦加岛）为例，说明南洋华工所遭受的惨况。

文岛与新加坡一衣带水，这里的华工除一部分是从中国大陆直接贩来外，其余多是从新加坡倒运而来。此岛富有锡矿，兼盛植胡椒。直至清朝末年，这里每年还要新增几千名"猪仔"。华工受虐的情况一如既往。

华工被贩至文岛，首先要由殖民当局全副武装的军警验看，见有倔强不服者，立加制裁，屠杀华工的事件也时有发生。仅1906年3月10日的一次查验华工中，军警枪击刀砍当场杀死华工3人，伤37人，其中重伤7人。

经查验的华工被卖到锡矿或椒园里服苦役，每天凌晨4点钟就要上工，工作定额很高，体力强者拼死拼活到下午五六点钟才能干完，弱者难以完成。而雇主则视完工最早者为准，明天又要加额，弱者更无力完成，即被罚去工钱。若干华工就是这样日复一日地徒劳无获。即使可完成定额者，工价也十分低廉。按例每月干足 26 工日的，每人给荷银 10 盾，不足 26 工日的，按所缺天数计扣。不能承受锡矿等重役而做"轻工"者则一律不付工钱，也没有期满脱身之日。任何工种，华工都是在工头的严密监视下劳作的，做工不能稍事休息，酷暑天禁止饮水。工头稍不如意，即当场对华工鞭笞棍击，或是送"公班衙"施以非刑，用粗索将华工捆绑在柱子上，以藤鞭毒打，这算是最一般的刑罚。不分青红皂白将华工乱棍打死者也不鲜见。华工被四肢捆绑吊起，令身体弯曲如弓，推拉摇荡，使撞击四壁，不时毙命。或将华工的发辫系于马车，纵马疾驰，将华工拖拉车后，轻者手足折伤，皮肉磨烂，重者当场死去。酷刑之外，工头衙役们还挖空心思地对华工进行人身凌辱、戏弄，甚至有逼华工自食粪便者。

上述这种骇人听闻的情事，均出自若干当地华工或知情人向清朝官员的控诉，众口一词，可谓字字血，声声泪。他们悲愤地呼号："呜呼，此天理何在？人心何在？试问吾中国数千年以来，有此毒刑惨死者乎？呜呼！谁非人子，谁无父母？堂堂中国文明之民，因受奸人诈诱，破重洋，涉万里，背父母，抛妻子，莫不欲早日言旋，何乃一至文岛，而惨死其若此也！且惨死如此其多也！稍有恻隐者，实耳有所不忍闻，目有所不忍睹者也。呜呼痛哉！"

　　一位名叫梁柘轩的华人，原籍广东嘉应州（今梅州市），侨寓新加坡从医，曾不止一次到过文岛，目睹华工惨况，满怀悲愤和哀痛，作《感赋》八首。全文如下：

痛煞同胞到此乡，
半归残毙半消亡。
逢人莫再谈文岛，
一度重来一惨伤。

血肉横飞类战场，
尸骨遥指泪汪汪。
几时买尽人间纸，
为写民冤百万张。

何乃奸民到处多，
百端欺骗奈之何。
只因末吏全蒙蔽，
万众同归入网罗。

私刑云酷又公刑，
狗肺狼心虐不停。
死亦自哀生自哭，
生生死死总悲零。

或填丘壑或悬梁，
或葬江鱼或自戕。

66

万种含冤言不了，

有谁能雪有谁偿？

汝顾形单我亦单，

人人相顾自相看。

恨他残酷思相避，

彼处何曾那样宽。

异族欺凌尚有言，

同胞残杀更何论。

为牛为马犹非甚，

意欲残亡不少存。

学书学剑愧无才，

更值天公不阜财。

忍视含冤莫能雪，

哀人远觉自先哀。

的确，作为当时条件下的一位有民族良知的海外华人，面对如此惨绝人寰的惨景，怎能不感到凄怆悲凉和愤慨呢？

7　排华恶潮

上述华工在秘鲁、古巴、美国、文岛被奴役、受凌虐的境况，只是当时华工在外洋各地惨苦生活的一个缩影，当殖民主义者急需廉价劳动力时，他们大肆拐掠、贩运和役使华工，而当事成工竣，无大量使用华工的时候，便又如弃敝履，竭尽排斥之能事，甚或公然大肆洗劫、驱逐、逮捕、杀戮，制造骇人听闻的种种暴行。诱掠役使与排斥禁限，是殖民主义者着眼其实际利益而作出的因时制宜的不同手段，是一个问题的两个方面。当时掀起排华恶潮的，以美国、澳大利亚、新西兰、加拿大等地为烈。

美国的排华到19世纪80年代初即开始形成高潮。1882年，美国国会通过并由总统签署《排华法案》。此后，从中央到地方诸多排华法规纷纷出台，排华恶潮铺天盖地。华工入美遭到禁止，对在美华工更极尽迫害之能事，不断发生暴虐华人的事件。

1885年9月，在怀俄明矿区小镇罗克斯普林斯（石泉镇），28名华人被屠杀，还有多人受伤被赶走。同月，一个主要由白人组成也包括少数印第安人的武装团伙，在西雅图以东的伊萨夸袭击了一个有35名华人的营地，结果3人被打死，2人被打伤，其余被赶走。11月，塔科马的一伙暴徒，将当地700名华人赶上运货马车，在旷野里把他们冻了一夜，致有2人死亡。然后，这伙暴徒又把华人赶上开往波特兰的火车，让他们永远地离开了自己经营多年的田园。科塔马事件后，又有150名华人惶惶不安地逃离西雅图。排华暴行像瘟疫一样蔓延。1887年，在华盛顿东部，31名华人矿工在斯内克河上惨遭屠杀。这年，塔科马地方又集中有3000多名从边沿地区逃来的华人被命令离开。在其后数十年里，该市不允许任何华人居住。

被驱赶的华人，有些返回中国，有些则被迫到旧金山、西雅图、洛杉矶等较大的唐人街里避难，就像被围困在无援的孤岛上一样。落难的同胞们相依为命地聚集在一起，不敢跨出唐人街一步，但他们还是无法避开各式各样的骚扰和迫害。旧金山的唐人街被说成是"瘟疫的发源地"而长时间遭受封锁，一场所谓"消毒火"则把檀香山的唐人街夷为平地。对华人进行大搜捕的事更司空见惯。1903 年 10 月 10 日，波士顿警察闯进华人饭馆、住宅，一下子逮捕了 250 名华人，把他们关在两间小房子里连续折磨了一天一夜。在残酷的排斥、迫害下，美国各地华人社区的人数锐减。

正常的民间往来也为排华法案所禁阻和破坏。对入境华人，美方千方百计地进行刁难和凌辱，设在旧金山海湾天使岛上的移民过境所，负责移民入关时体检验放等事。其他国家的移民，一般经过数小时的查验即可放行，而中国人往往要在这里拘留数星期、数月甚至两三年之久，常有人不堪折磨而自杀。有位在此羁押几十天后终脱离的华人用餐叉在过境所的墙壁上刻下这么一首诗：

木屋拘留几十天，
所因墨例致牵连。
可惜英雄无用武，
只听音来策祖鞭。
从今远别此楼中，
各位乡君众欢同。

莫道其间皆西式，

设成玉砌变如龙。

为了煽起排华恶潮，美国种族主义者不惜对华人大加丑化、污蔑，说什么华人"带来的只是肮脏、恶癣和疾病"。有的美国政客甚至不惜到神学领域寻找所谓论据，说华人"比上帝创造的任何种族都更低下"，"世界上找不出比华人更卑贱的人"，"华人没有灵魂，因此亦无拯救可言。即使他们有灵魂的话，也不值得拯救"。他们全然忘记或有意抹去急需华工的历史，这难道就是他们所说的"灵魂"？而此等"灵魂"难道也值得炫耀？又是否值得"拯救"？"中国人命苦"，这是美国排华时期颇为流行的一句话。这些命苦的"中国人"，绝大多数当然是那些被殖民主义者榨尽血汗的华工。

与美国毗邻的加拿大，也是华工的集聚地之一。进入该国的华工，起初多是以美国作为跳板的。特别是加州淘金热趋于冷却和美国排华的势头逐渐强劲后，转入加拿大的华工随之增多。他们在弗雷塞河谷淘金，或是受雇于农、渔、工匠、家庭服务行业。后来，特别是到19世纪80年代初，也从中国广东等地直接贩运大批华工入加，作为修筑该国太平洋铁路的苦役，多时达到近2万人。随着此条铁路工程于1885年完工，排华的恶潮也随之掀起。这年，加拿大政府正式订立《排华法案》，对华工入加进行种种限制，特别是征收苛重的人头税。开始每人50元，以后不断增加，到 1904 年时就激增到 500 元。有材料说，从 1886 ~ 1923 年，加拿大政府得到的此项税收约达 2300 万元，仅 1914 年的头 3 个月，就收得 260 多万元。据说，不列颠·哥伦比亚省巍峨宏伟的维多利亚政府联合大厦，其建造费用均出自此项税收。加拿大种族主义者还利用各种形式进行排华宣传。1913 年，荷李活电影公司助纣为虐，用影片对华人进行污蔑性宣传，说华人有"运售鸦片，私藏白女"等"劣迹"。1915 年，加西散发一种名为《墙上字》的小册子，鼓动说："华人居住污秽，工价低廉，危害西人生活程度，倘任其长居加境，加西一带则全属华人所有，省议会亦充满华人议员，省长必为李孟九。"到 1923 年 7 月 1 日，加拿大政府宣布实施《中国移民法案》43 条（故有"四三苛例"之称），规定了除外交官、商人、学生外，其他华人一律禁止入境等诸多苛项，中加民间往来几陷禁绝。

澳大利亚于 18 世纪 70 年代沦为英国殖民地，被分为若干殖民区，1901 年成为澳大利亚联邦，原来的殖民区改成州，联邦成为英国的自治领。自 19 世纪 30 年代，首先是由于牧羊业的发展，澳大利亚的新南威尔士殖民当局决定雇用华工。1851 年维多利亚殖民区发现金矿后，在殖民主义者的诱骗下，为生计所迫的华人掀起赴澳之"新金山"（相对美国的"旧金山"即三藩市而言）即墨尔本淘金的热潮。由此引起赴澳华工不断增多，到 1859 年时已有近 4 万人。随着入澳淘金的华工不断增多，早在 1854 年，维多利亚地区的本迪戈便发生白人集会，企图把所有华工赶出金矿场的事件。次年维多利亚议会通过勒交人头税和限制船载华人员额的排华法案。其后，其他一些殖民区也相继响应排华，乃至有几次步步升级的排华州际会议的先后召开，排华的恶性事件屡有发生。1857 年，在巴克兰河金矿场，2000 名华人遭白人公开抢劫，居所也被焚毁。1860 年，在新南威尔士兰滨滩，又有 2000 余名华工被白人洗劫，并有人丧生。1901 年澳大利亚联邦成立后，所举行的第一次国会上即就如何排华问题进行讨论，变本加厉地推行种族歧视的所谓"白澳政策"，进入更严重的排华时期。一些排华的专门组织团体纷纷建立。譬如，有个名叫"反华及反亚洲人联盟"的组织，其成员就有 2 万多人，主要是工商界的白人代表，极力主张严禁华人及亚洲人入澳，对业已入澳者则实行隔离，严格执行所谓"工业法"，使华工无法就业。

当时同作为英国殖民地的新西兰，从 19 世纪 80 年代初起也随同澳大利亚采取排华政策。1881 年新西兰国会通过《中国移民法案》。以后，限华排华的规定不断升级，到 1899 年，规定每名华工登岸人头税达 100 镑之巨，船只每 200 吨始得载华工一名入境，华人不能成为新西兰公民。种族主义者竭力宣扬"黄祸"论，诬蔑华人"肮脏、鄙吝、愚昧、逃避社会责任和危害公共健康"。诸如"白人联盟"、"白新西兰联盟"等排华团体纷纷成立，竭力为"白新西兰政策"张目，鼓吹通过与华人隔绝来保障白人的所谓"纯粹性"。排华暴行时有发生。

　　另外一些华工聚集的国家和地区，也程度不同地发生了排华事件。并且，从起因到发展轨迹看，也颇相类似。它说明排华在当时已形成了一股世界性的恶潮。曾为当地开发付出大量血汗的华工，在这场恶潮中首当其冲，蒙受了巨大灾难。

五 拼将一死勇抗争

 民众严惩拐匪

中华民族既有着勤劳、善良、诚恳的美德，又有着嫉恶如仇、勇于反抗压迫的光荣传统。面对殖民主义者的残酷凌虐，华工们不屈不挠，拼死抗争，谱写了可歌可泣的悲壮篇章。

在讲述华工反抗斗争前，有必要先看一下广大民众惩治拐匪、反对殖民主义者纵恶养奸的斗争情况。这与华工自身的斗争密切关联，相辅相成。因为被拐掠的华工，就是来自民众。在当时那种拐掠华工十分猖獗的情形之下，今天还是自由民，说不定明天就成为拐匪的猎获物。一人被拐掠，全家遭祸殃，四邻受惊扰，阖乡不安宁。因此，拐掠华工为广大民众所切齿痛恨，打击和严惩拐匪成为广大民众不约而同的行动。

广大民众一方面要求并配合政府对拐匪严加查拿惩办，一方面积极行动起来同拐匪进行斗争。在拐匪活动猖獗的南方沿海各埠，常有防范拐匪的传单、告示散发和张贴。譬如，一份署名"厦门绅商"的揭帖，当时在厦门和广州流传颇广。这份揭帖揭露说，那些狼心狗肺的歹徒，自厦门开埠以来，就干起贩卖人口的勾当，把许多人置于绝境。揭帖呼吁：凡"慈悲为怀，热心公益之人"，应联合一致，制止此种恶行，父嘱其子，兄嘱其弟，处处小心，预防恶人，不要受骗上当，误入歧途，千万不要为这帮万恶的歹徒效劳。上海则贴出这样的揭帖："近闻红毛人在暮夜捉人，鸣之于官，官不能伸，致远来人孤身无伴，为其捉去。人不能晓，屡屡遭受毒害，情属堪惨。"揭帖告诫说："如遇夷人暮夜捉人，一问之下，随即鸣锣，协同同里共相拿捉"，"凡有仁心，各宜体惜，勿以为谎言相告为嘱。尔等行人亦宜自加提防，毋受其害。至嘱，至嘱！"

有些地方的民众还自发地组织起来巡街查路，一有可疑迹象，一呼百应，严加盘查。若确系拐匪，则严惩不贷。英国驻广州的一位领事官于1859年曾这样说："我确知近期以来，被老百姓打死的猪仔贩子，人数之多可以拉出长长的一个单子。"甚至有人说："只要一看见外国人在中国招工的广告，城里立即就会高高地挂起拐子的人头。"这表明广大民众对拐掠人口无比愤恨。

因为开设"猪仔馆"、"招工馆"的洋行是拐匪们的黑窝点和庇护所，民众惩治拐匪势必要把斗争的矛头指向外国洋行，甚至发展成为颇具规模的抗暴斗争。1852年11月21日，厦门民众捉到一个拐匪，将其扭送官府。英国"合记洋行"的经理桑穆闻讯后竟大闹清朝官衙，迫其将这个拐匪释放，还殴伤中国士兵，激起民众的极大愤怒。次日，绅商各界举行罢市斗争，要求洋行交出凶手，洋行拒不应允。24 日进而爆发由数千人参加的大示威。当示威队伍到达洋行门前时，调来保卫洋行的"火神号"英国军舰上的水手竟向群众开枪射击，当场打死 8 人，重伤 16 人。民众怒不可遏，继续坚持斗争，连附近乡村的农民也赶来支援。清朝地方政府虽然也要求英方交出拐匪，但又诬蔑民众"滋事斗殴"，进行弹压，向英方妥协。民众的这场斗争震慑了拐匪，打击了外国侵略者，一度使得厦门的拐掠华工活动为之敛迹。

民众的斗争无疑是对被拐掠华工进行反抗斗争的有力呼应和支持，使得华工们无论在什么地方，都不感到孤立，深知有家乡父老和广大同胞与自己一同斗争。

2 途中暴动

被拐掠贩运的华工，从落入拐匪之手那一天起，就进行各种形式的斗争，譬如设法逃跑或是向外传递信息争取获救机会，甚至起而硬拼。被押在航船上，仍千方百计地进行抗争，直至举行暴动。彭家礼在《十九世纪西方侵略者对中国劳工的掳掠》一文中，对 1850～1872 年苦力船海上遇难的事件曾列出一个详细的统计表，在所统计到的 48 起事件中，约有 40 起与苦力暴动直接相关，下面便是从中摘编的一些事例：

1850年9月7日，法国船"亚尔勃"号从香港起航，运载中国苦力至秘鲁。途中，苦力暴动，杀死船长潘因和大副、二副各一名，迫使该船返棹回华。10月2日回到香港，约140名苦力得以乘渔船逃走，其余被香港警察逮捕。

1857年1月29日，法国船"安内期"号由汕头出港，运载中国苦力去古巴。次日，苦力暴动，杀死船长卡利那父子，夺船开往距布里克斯克5英里的东来海岸。

同年2月9日，荷兰船"亨利塔·玛利亚"号由澳门起航，运载350名中国苦力去古巴。船行16日至不老湾时，船长、大部分水手和200名苦力失踪，显然为苦力暴动所致。这时船上只剩下水手4人，苦力60人。苦力乘机上岸逃走。该船先是开往新加坡，旋又重返中国装运苦力。

同年3月17日，英国"吉尔玛"号船装载428名中国苦力，由汕头出港驶往古巴。起航次日，船上苦力即聚众暴动，有30多名苦力受伤，209名苦力跳海自杀。底舱苦力放火烧船，最后火被扑灭，船回香港。

1865年12月3日，英国的"恒河光荣"号船，装载400名中国苦力，由黄埔出港驶往圭亚那。12月11日下午苦力暴动，将船长抛下大海，命令大副将船开往海南岛，结果苦力全部登岸。

1866年2月3日，意大利的"德列舍"号船装载296名中国苦力，由澳门出港开往秘鲁。船行63天后，苦力们望见陆地，想是新西兰，遂行暴动，杀船员水手12人，迫使该船开回澳门。

同年10月10日，法国的"尤金·阿代勒"号船装载中国苦力由澳门起航驶往秘鲁，途中苦力暴动，船长被杀，船员、水手多人受伤。苦力在格斗中死5人，30人跳海。

1870年10月4日，法国的"新潘尼洛普"号船装载300余名中国苦力，由澳门驶往秘鲁。船行3天后，苦力暴动，用木棍、帆桁（音héng，横）等物，与持枪的船方人员搏斗，杀死船长和7名水手，苦力死100余人。船返回澳门，许多苦力被株连问罪，其中16名被判死刑。

1872年，美国船"挑战者"号装载900名苦力，从汕头起航开往哈瓦那。尽管船方严密防范，苦力们还是不时进行暴动，也不断遭到镇压。最后船抵目的地时，有150名苦力死去，船长和7名水手也在途中丧生。

如果说以上只是简略举例，那么不妨再较详细地看一个典型事件——"罗伯特·包恩"号事件。

"罗伯特·包恩"号是一艘美国船。1852年3月21日，该船装载从福建、浙江沿海一带拐骗的400多名苦力（具体数字记载不一，或说410名，或说450名，或说475名）由厦门起航开往美国。上船以前，苦力们被哄骗说是去旧金山充当自由雇工，但上船以后，船方却否认了原来的承诺，而且强迫苦力们在条件苛刻的契约上画押。苦力们发觉受骗，向船长布莱生提出质问，布莱生不但蛮不讲理，而且命令手下的人将领头的几个苦力推上甲板毒打，以致有人当场昏死过去。船方的暴行引起全船苦力的极大愤怒，他们决心寻机报仇。

3月30日，船航行在台湾以北的海域，布莱生这个施虐狂又兽性大发，以"搞卫生"为名肆意污辱和折磨苦力们。他命令苦力们50人一组轮流到甲板上来，脱光衣服，一字排开，由船员和水手们用大扫帚甚至刷地板的硬板刷蘸着冰冷的海水刷洗他们的身体，并且把苦力的辫子强行剪掉，稍有违拗便遭到毒打甚至被扔下海。患病不起的苦力也不能幸免，被强拖上甲板洗刷身体。苦力们身上被扫帚或板刷划出一道道血口子，被冰冷和含盐的海水浸得生痛，再加以呼啸的冷风，一些身体衰弱的苦力再也支撑不住，当场昏死过去。苦力们忍无可忍了！于是，一时间船上发出惊天动地的怒吼，数百名苦力愤怒地冲到甲板，与全副武装的船方人员展开了搏斗。

面对这突发的情况，布莱生和大副凶残地向人群开枪，企图把事变镇压下去。但苦力们无所畏惧，前仆后继地向他们冲去。布莱生开始惊慌失措了，端枪的手在发抖，身子不由自主地往后退缩着，一直到甲板的边缘，踉跄地滚下海去。行凶杀人的大副、二副和四个水手也被苦力们打死。苦力们控制了船只，迫使剩下来的水手把船开往台湾。

但几天后，苦力们上了岸才发现抵达的不是台湾，而是琉球群岛的八重山岛。苦力们经过商议留下20多人看船。然而被绑在船舱内的船员乘看船人不备脱开绳索，解开缆绳，把船开离，几天后，开至厦门。20
多名留下看船的苦力成了船方的人质。

当美国官方获知有关消息后，立即联同英国派出
数艘军舰到八重山岛搜捕中国苦力。在先头军舰到达
时，正有大群苦力聚集在海滩上，他们猝不及防地遭
到军舰的枪炮齐射，死伤多人。剩下的逃向岛内，军
舰上的武装人员又上岸追击。先后有 90 多人被俘虏，
剩下的苦力们逃到原始森林深处。几个月后，才由岛
上土人首领派船将活下来的 125 人送回福建。算来，
这次事件中，全船 400 余名中国苦力差不多有一半丧
生，或被打死，或在八重山岛上艰难环境中病死。而
船方仅死数人。

对于这样一场分明是由船方残酷迫害中国苦力而
引起的抗暴事件，美国竟然联同英国出动军舰对中国
苦力进行血腥屠戮。同时又逼迫清朝政府同意把他们
俘虏的苦力中的 17 人以"海盗"罪判处极刑。清朝有
关人员据理与英方交涉，坚持当事的中国苦力并无为
匪情事。福建绅民也为之申冤，要求开释，美方的无
理要求没有得逞。但美方对此一直耿耿于怀，直到数
年之后第二次鸦片战争期间的议约谈判中，美方仍借
口此事提出向中国索赔 50 万两白银的无理要求。可见
其十足的强盗嘴脸。

从这起典型的案事中可以看出，苦力们暴动完全
是殖民主义者丧心病狂残酷迫害凌虐的结果。同时说
明即使在苦力们中途控制船只迫其返航或改航他处的
"成功"暴动中，即使在得到清朝政府一定保护的情况

下，苦力们最终所付出的代价也是十分惨重的。他们的途中暴动，完全是以生命与罪恶的殖民主义强盗抗争！这是特殊群体在特殊环境条件下的特殊斗争。同一船上的苦力们来自许多地方，开始大都互不认识，互不了解，本来就不如在彼此熟悉、声气相通的群体中更利于酝酿和组织统一的行动。就环境条件来说，独船独舶航行于茫茫大洋，无法得到外界任何支持。行动起来，又缺少武器，往往只是赤手空拳，至多一部分人随地拣用些木棒、木板、绳索、水桶之类的东西，而船方则有全副武装的押运人员。并且，因为苦力们缺乏航海技术，即使夺得船只，也得靠原船上人员开船返航或改航他处，也屡屡因此受骗上当。

然而，同羁于一船之内，遭遇相同，愿望一致，可谓同呼吸，共命运的苦力们一旦在某一具体契机下引发暴动，便能同仇敌忾，齐心合力，义无反顾，拼死斗争。尽管一次次付出惨痛代价，但暴动仍屡次发生。这使得从事苦力贸易的殖民主义者也不能不为之惊惧。当时秘鲁一家大报馆的主笔就说："除了极少数一两次例外，没有一个载运中国移民到达卡拉欧（按：即卡亚俄）的船只，在航程中没有过一次或一次以上的暴动或暴动的威胁，这差不多是绝对的，无可否认的。""中国人是一个不好惹的危险民族。倘使受到虐待，他们报复起来就不管闹到任何地步，因此苦力暴动是一种潜蹑在输送中国苦力船长后面的恐怖。"通过这些事件也真正显示了中华民族刚强不屈的伟大斗争精神！

在役地的反抗斗争

不只是在途中，即使到了役地，中国苦力也从未听任奴役而停止反抗。如果说，自杀是华工在无奈情况下采取的一种消极的反抗形式，那么逃亡，则无疑具有了试图脱离某一地方和环境而寻求新的生活出路的积极意义。这是华工在役地进行反抗斗争的通常形式之一。尽管逃亡者很难如愿以偿，最后不是被原雇主追捕回去，遭受到直至被处死的严厉惩罚，就是进入一处新的苦役场所继续遭受非人的折磨。但渴求脱离苦难环境的强烈愿望，使得苦力逃亡事件接踵不断。

罢工也是华工们常用的斗争形式。有记载说，在南非德兰斯瓦尔的矿场，1904 年 6 月至 1905 年 7 月就有 21205 次所谓"非法旷工"。在北兰德方坦矿地，1905 年 4 月曾发生过 2000 名华工集体罢工的事件。修筑美国中央太平洋铁路的华工，于 1867 年 6 月也举行过有大约 2000 人参加的为时一星期的集体大罢工，要求把每月工资由 30 美元提高到 40 美元，每天工作时间由 12 小时以上缩短到 10 小时，在隧道工作则为 8 小时。他们响亮地提出，既然 8 小时工作制适用于白人，也应该同样适用于华工，华工不应该受到歧视和虐待。他们还具体提出禁止公司监工鞭打华工，华工有另谋其他工作的自由等权利。虽说在孤立无援的情况下，这次罢工没有完全达到目的，但它不但使资方遭到一定损失，更使其受到震动，看到了华工的斗争精神和力量，迫其在改善华工待遇方面作出了一定的让步。

更激烈的斗争形式是举行暴动和起义，且不说分散的、个体的、随时随地发生的抗暴行为，就是有组织、大规模的群体性暴力行动也不断发生。例如，1904年南非兰德一个矿地上曾发生1400名华工群起驱逐矿主，一度占领这个矿地的事件。1905年又有一个矿地的500名华工群起暴动，突破围禁他们的矿地铁栅，奔向约翰内斯堡。

1870年9月间发生在秘鲁帕蒂比尔卡谷地种植园的中国苦力反抗园主的斗争，更是一次大规模的典型的起义。

帕蒂比尔卡谷地是田庄比较集中的农业区，也是中国苦力比较集中的地方。华工们承当着繁重的苦役，遭到园主的百般压迫、凌辱，愤恨的怒火终于点燃了起义的烈焰。地处该谷地地势较高的阿拉亚种植园华工率先发难。这个园内共有华工100名，他们全部参加了起义。一呼百应，仅12小时之后，该地区许多种植园的华工纷纷揭竿而起，人数一下子增加到1500人之多。他们都怀着同一愿望和目的，那就是把自己的同胞从雇主的压迫下解放出来，严厉打击和惩处为虎作伥的工头和总管们，夺取园主的不义之财，夺取武器武装自己。并且，从他们的矛头所向看，不仅针对雇主，还企图攻下帕蒂比亚卡镇作为基地。当然，在异国他乡举行这样的起义，其目标很难达到。不但种植园主们组织武装抵抗，秘鲁政府闻讯也火速派兵镇压。而起义者方面不论是事先还是起义过程当中，都缺乏严密的组织，尽管从种植园里夺得了部分武器，但许多人根本不会使用。起义历时大约14小时便失败了。据说，起义者杀死了敌方近20人，已方受伤70人，更多的人或是逃进满是竹子的山里，或是在绝境中自杀，也有的重落雇主的魔掌。秘鲁政府派来的军队对起义参加者进行了大规模的追捕，杀死了80～130名华工，还把一些人关进了监狱。这支军队在该地区一直驻守了十几天，进行严密的防范和军事管制。

这次起义虽然失败了，但在秘鲁产生的震动却是相当大的。"几乎所有沿海种植园主——他们之中大部分拥有苦力——都从这次运动中得到了警告"。当然，尽管当时秘鲁统治者宣称"他们从众多的因素中找到了起义的原因"，但他们不可能找到或不愿意承认引起这场起义的根本原因。譬如，他们将原因归之于两条："自由华人对种植园契约华工的唆使"以及"出于华工吸食鸦片的需要和吸食鸦片造成的后果"。显然，这不仅是严重的偏见，简直是恶毒的污蔑。不过，他们也不得不承认"对苦力的虐待和艰难的劳动条件"也是促成这次起义的一个原因。尽管他们认为这是次要的，但也不能不从中接受一定教训，"采取预防措施并决定改变对待苦力的方法，或是加强镇压或是代之以较人道的态度"。总之，这次起义迫使殖民主义者在继续加强防范镇压的同时，也不得不"改变对待苦力的方法"，从而使中国苦力的生活条件有所改善。

许多地方的华工不但为争得起码的生存条件而勇

于抗暴，而且还与当地人民一道投身反对殖民主义统治，全力支持当地的独立运动。这种闪烁着国际主义光辉的壮举，是华工反抗斗争的一个重要组成部分。

在古巴首都哈瓦那 L 街的北端，屹立着一尊二丈多高的圆柱形纪念碑。墨色大理石碑座上铭刻着这样的文字："在古巴的中国人，没有一个是逃兵，没有一个是叛徒。"这是古巴民族英雄何塞·马蒂的亲密战友冈萨洛将军褒奖华工在反对西班牙殖民统治的独立战争中英勇参战，建立不朽功勋的题词。的确，华工在古巴独立战争中，冲锋陷阵、勇于战斗的精神得到了充分体现。同时，也付出了巨大的牺牲。而这一切，又是和苦力贸易制度下古巴华工的悲惨处境紧密联系的。当时，古巴作为西班牙的殖民地，华工们所受到的剥削和压迫，从根本上说主要是由西班牙殖民主义者造成的。尽管种族隔阂在一定程度上存在，但那也主要是殖民主义政策的产物。一般说来，华工与被贩来的非洲黑人，与当地的劳动人民，同作为被剥削被压迫者，是血汗交融、命运相同的，所以在反对殖民统治的斗争中能携手并肩，共同战斗，追求解放。

1868 年 10 月 10 日，在亚拉地区的田野上，不同种族的奴隶们忍无可忍，不顾殖民主义者的绞索和刺刀，首次举起反抗西班牙殖民主义者的战旗。华工闻讯立即响应，投奔起义者行列。从这一天起，在古巴反对西班牙殖民统治的 30 年的战斗历程中，华工始终是一支重要的力量，作出了自己的特殊贡献。冈萨洛将军在他的《中国人与古巴独立》一书中回忆道：

> 在古巴的中国人没有一个不曾拥抱过自由的事业。在古巴争取民族独立的悲壮的战斗中，中国人像猛兽一样在战场上搏斗。他们曾在工厂里为改善士兵的战斗条件贡献一切，他们曾在战斗中忍受着一切饥饿和困苦。当他们一旦被俘，又视死如归，壮烈牺牲。他们为古巴独立慷慨地流尽了自己最后一滴不留名的鲜血。他们既不抱任何追求个人名义的欲望，也从不企求得到感谢的花束。

下面，就让我们从该书所记述的大量生动史实中，选取古巴独立战争初年的几则具体事例。

在星辉府的部队中，有一支从军官到士兵全都是华人的英勇善战的队伍。在著名的米纳德图拉战役中，这支华人部队守卫左翼阵地。西班牙军以该处地势险隘，疯狂发动钳形攻势，华人队伍主动请战，予以猛烈反击。官兵们前仆后继，一往无前，经过长时间短兵相接的拼搏，枪弹用尽，战士们就用枪杆砸敌人头颅，终于将敌人的精锐部队击退。

拉斯维利亚斯省的华人队伍最多，以其英勇无畏而令敌胆寒。一个有美男子之称的士兵，身经百战。在他最后身患重病将离开人世时，还深情地含笑热吻着古巴独星之旗。

又有一位华人士兵，在围攻麻佑希华埠的战斗中，一连三日向龟缩不敢出战的敌军骂阵挑战，被激怒的敌人不时向其射击，雨点般的子弹从他身旁掠过，他仍不退后一步。

有一位华人年轻少尉，在一次战斗中不幸被俘，敌人讥讽地说："这是西班牙的中国人吧?"少尉本已身受重伤，倚靠着树干也不能站立，但他听到敌人的羞辱，怒火中烧，奇迹般地忽地站了起来，从怀中取出古巴革命军的委任状，两道如电的目光直逼敌人，大声说道："我不是西班牙的中国人，而是古巴自由军的少尉，要杀就杀吧，还啰唆什么!"

有多少华工出身的英雄战士，把追求自身的解放与旅居国反对殖民统治的斗争事业紧密结合起来，为之献身，血洒异国。他们中的大多数，连名字也没有留下。但是，由他们身上表现出来的中华民族不畏强暴、勇于斗争的精神，在异邦的土地上将万代生辉!

六 清朝政府何所为

 从禁止到默许再到签约认可

　　从明朝到清朝的长时期里，法律上是严禁国人出洋的，这是其闭关锁国政策中对内限制的一项重要内容。《大清律例》中明确规定：一切官员及军民人等，如有私自出海经商，或移住外洋海岛者，应照交通反叛例处斩立决。对通同作弊或失察的各级官员也有严厉惩处的科条。在严禁国人出洋的同时，清政府也颁布过诸多禁令限制华侨归国。这也是出于对海外华侨的强烈不信任感，生怕这些旅居国外的人回来危害边防和国内治安秩序。其时，清朝皇帝把海外华侨全然视为"弃民"，毫无保护可言。不妨举一个很典型的例子：正好是在鸦片战争爆发前100年，也就是1740年，在荷兰殖民主义者统治下的印度尼西亚发生对华人大屠杀的"红溪事件"（或译"红河事件"）。10天之内被杀害的华侨达万余人之多，河水为流血染红。乾隆皇帝得知消息后却说："天朝弃民，不惜背弃祖宗庐墓，出洋牟利，朝廷概不闻问。"清朝统治者是想以这种对海外华侨冷酷无情，弃置不问的态度和限制其归国的政策，警戒和防范国人出洋。虽然实际上没有也不可能完全禁绝国人与海外的往来，不过其规模和人数还是受到限制，因为要偷渡出入毕竟有很大困难并且要冒很大风险。

及至鸦片战争前夕，随着外国商人、海盗的纷至沓来，清朝封闭的国门、海关越来越强烈地受到冲击。相应，国人出洋特别是苦力被拐掠的事愈益严重。作为钦差大臣奉命到广东主持禁烟（鸦片）的林则徐，曾就"外国船只骗带华民出洋情形"专门上过一个奏折，其中说，据有关官员的调查禀复，"每岁冬间夷船（指外国船）回国，间有无业贫民私相推引，受雇出洋"，"议定每人先付洋银六七元，置买衣物，带至该国则令开山种树，或做粗重活计"，"又有一二夷船惯搭穷民出洋谋生"，"当其在船之时，皆以木盆盛饭，呼此等搭船华民一同就食，其呼声与内地呼猪相似，故人目此船为买猪崽（仔）"。这说明当时外国人拐卖"猪仔"的事已引起清朝官方的注意。

经鸦片战争，"夷国"的坚船利炮打开中国封闭的国门。首先，广州、福州、厦门、宁波、上海被辟为通商口岸，列强遂以此为基地，开设招工馆，肆无忌惮地拐掠华工。清朝各级官府慑于列强淫威，并不敢针锋相对地予以交涉和制止，虽说禁止国人出洋的法令仍存，但实际上已成为虚文。面对苦力贸易日益猖獗，清政府基本上采取装聋作哑的默许态度。

然而，列强并不以此为满足，它又逼迫清政府签订条约，进一步取得"合法"特权。而这一步骤，是通过第二次鸦片战争来实现的。

第二次鸦片战争于 1856 年 10 月爆发。次年冬，英法联军攻占广州，清朝两广总督叶名琛被俘，广东巡抚柏贵投降。在此后的近 4 年里，广州实际处于英法控制之下，此间出现了中国历史上第一个地方傀儡政权，联军方面并在广东巡抚衙门设置了一个权力广泛的"外人委员会"（或称"联军委员会"），实施殖民统治权。1859 年 4 月 6 日，广东南海、番禺两县知县联衔贴出一则告示，向民人宣布：

> 出洋做工之事亦宜及早妥立章程，区别何者可准，何者应禁，俾尔等均可周知遵行。自此次告示发布之日起，如有外国人竟欲觅雇中国民人或工役前往外洋为之作工者，或有华人声称受外国委托代为招工者，自愿应雇出洋之人务须详细查明是否确系外国招工，慎勿轻坠奸人拐骗之计。其出洋做工之工价若干，年限长短，送往何处作工，去后如何与家属亲友写信寄钱等等，均应先行议明，然后一一列成条款载入契约，作为字据以资信守。此事既系两方各自甘愿共同协议，自毋庸阻其随外人出洋。

第二天，英法联军驻广州部队司令官也贴出告示说：

> 查世界各处需用农业工人，而中国有人丁过

多谋生艰难之患，是以近年以来多有外国船舶来华招雇中国人出洋作工，其工银数目、作工年限等项俱各订入明文契约，亦间有为出洋工人留华眷属预支工银若干者。订立契约之两造俱属自甘情愿，并无违背工人本心强带出洋之事。

4月9日，作为广州傀儡政权名义上头目的广东巡抚柏贵也贴出告示，宣布：

查广东商民杂处，丁口稠密，其中容或有人迫于生计外出游食，或暂离乡井漂洋过海贸迁逐利，或受外洋之人雇用定期为之作工。此等之事设若实属情甘自愿，自可毋庸禁阻，令其任便与外人立约出洋。

从以上引录的几则告示看，其意都在于打破清朝以往禁止民人出洋的法规惯例，只要是有关双方出于自愿，签订契约，就不再禁阻，悉听其便。至于其理由，除了上述引文中各自提到的一些外，也都声称是从"严禁拐掠人口"着想，是作为"严禁拐掠人口"的一项措施而提出的。从世界历史发展的角度来看，清政府禁止国人出洋的法令，诚然已不适应国际交往日益发展扩大的形势，应该加以变通。但是，不用说外国方面，就是被迫按外国意志行事的中国官员，这时提出的开禁华工出洋的方案，实际上只能是在"严禁拐掠人口"的幌子下使外国贩卖中国苦力公开化、合法化而已。一旦华工出洋不再为违禁之事，外国列强自然也就完全不用鬼鬼祟祟、半明半暗，而是可以明火执仗、大张旗鼓地从事拐掠人口的勾当了。

正因为如此，外国列强并不以实际控制下的广州地区"招工"的公开化为满足，进而胁迫清政府在条约上作出承诺，以能在中国所开放的其他口岸乃至各个地方一律明令公行。事实上，早在1858年英使额尔金在与清朝代表谈判《天津条约》时，英国政府就指示他提出讨论"合法招工"的问题，及至1860年签订《北京条约》，外国列强在这一问题上完全如愿以偿。《中英北京条约》第五款规定：

> 凡有华民情甘出口，或在英国所属各处，或在外洋别地承工，俱准与英民立约为凭。无论单身或愿携带家属一并赴通商各口，下英国船只，毫无禁阻。

至此，长达200余年的禁止国人出洋的律条也就不宣而废了。

需要特别一提的还有《中美续增条约》（通常称《蒲安臣条约》）中的有关条款。蒲安臣是美国人，曾任美国驻华公使。在美国政府策划下，他卸任此职后，于1868年被清政府授予"办理各国中外交涉事务大臣"头衔，组团出使美国和欧洲各国，在美期间越权擅自与美国国务卿西华德签订了《中美续增条约》。其中第五条规定："大清国与大美国切念民人前往各国，或愿常任入籍，或随时来往，总听其便，不得禁阻。为是现在两国人民互相来往，或游历，或贸易，或久居，得以自由，方有利益。"当时美国正值西部开发和修筑太平洋铁路，需要大量廉价劳工，该条约的签订便为大规模贩运和役使华工进一步大开了"合法"的大门。

随着外国列强步步进逼和一系列有关不平等条约的签订，清政府禁止或限制华工出洋的法令条文被废弃。这既反映了清政府的腐朽无能，也说明中国封建专制的壁垒已经颓败。

 ## 《招工章程》的议订

清政府开禁包括华工在内的国人出洋，既然主要不是出于近代外交意识增强主动采取的"开放"措施，而是在列强逼迫下的屈辱俯就，那么对出洋的华工也就不可能实行有力保护。相反，甚至不惜残酷对待勇敢抗暴的华工。譬如上面提到的 1870 年发生在法国船"新潘尼洛普"号上的华工暴动事件中，九死一生有幸生还的华工，有 16 名被清政府判处死刑。

但是，面对华工出国"合法化"以后出现的复杂情况，同时随着清政府中某些人士近代外交意识的萌发与增强，以及社会舆论的强烈呼吁，清政府也在一定程度上表现出，通过与外国议订华工出国具体章程，以求对外国能有所约束，对华工能有所保护的意向。1866 年清政府"总理各国事务衙门"与英国、法国议订《招工章程》二十二款，可算得上这方面的一个努力。

鉴于《北京条约》有关招华工出洋条款中，只有外国可以自由在华招工而中国方面不得"限制禁阻"的原则规定，外国方面可借以进行漫无边际地解释和利用，清总理衙门和南方沿海省份的有关大员，认为有必要与外国议订一个专门性章程，对招工问题作出更具体规定。经过与英法代表反复交涉，最后订立了包括二十二项条款的《招工章程》。

当然，这个章程根本上还是以承认不平等条约中规定的外国在华"招工"合法化为前提的，远谈不上严正维护华工的利益；并且，其中又有对华工加以约束、限制和惩治的若干苛刻规定。譬如，规定华工一旦签订合同就不能于招工所"擅自出入"；对招工所的一切定章"总须遵照奉行"；"华工居住公所或有滋事各等情弊，立即禁锁，俟地方官委员查收，按例审办"等等。不过，更多条款还是体现了对外国随意招工的限制以及保护华工权益的意向。主要反映在：

第一，规定外国在华招工的承办商，应拟定招工的具体合同，先向其国驻华领事呈请查核。"领事官查其实属殷实妥当之人"，再将所呈合同等"转移该管地方官查阅"。认定一切妥当后，方能"印牒"（印发凭据）批准。不能不经核准随意招工。

第二，规定招工各商"务须按期逐款尽守"合同，"凡有负约之处，惟该商是问，俱按伊国之例传案究审"。尽管这种规定不过是不平等条约中规定的"领事裁判权"在此事中的套用，即外国招工商在华违约，不能由中国方面查办，而只能由外国官员按其本国之例"究审"，"究审"的结果也就可想而知。但它毕竟规定了招工商必须遵守所订合同。同时，对合同中有关具体事项，也作了较明确规定。如："合同所定承工年限，不准逾于五年。期满如欲回国，彼处必将合同所注水脚路费若干，按数备全"，"承工日期、时刻，定准七日之内，必得休息一日。一日之内作工，不过四时六刻（即9个半小时）"，"遇有疾病，医治医药，不用该人工值"等。

第三，规定"华民年不及20岁者，或欲承工出洋，必须取具本身父母准往凭单，盖用地方官印信，方准承招"。这主要为防范年幼之人被拐掠出洋。

第四，特别规定不准违例招工，严禁一切拐掠行为。"若有意图招工，不遵章程，另行设法招致华民承约出洋作工，此为例所严禁，查出另行重办。更有华民不肯离国，有人胆敢私行骗往，勉强胁从，即照刑部奏定新章，立予正法"。所谓"刑部奏定新章"，即是规定拐犯"为首斩决，为从绞决，于审明后即行正法"。这比一般死刑案犯须由刑部会同大理寺、都察院"三寺会审"核定，要从快从重。

如果说，对于外国方面的限制未必真能奏效，对出洋华工权益的保护也鞭长莫及，那么，对在中国辖境内的华人拐匪的惩治，清政府还是做了相当努力并取得一定实效的。同治五年（1866）一月，清廷发布上谕，除了重申对拐匪按章严惩外，还要求有关省份每 3 个月将查拿惩办拐匪的情况专门奏报一次，以防疏怠。据两广总督瑞麟奏报，在截至同治八年（1869）六月底的两年零 8 个月的时间里，照章处以死刑的拐匪有张亚葆等 56 人。同年七、八、九 3 个月间，又拿获拐匪陈亚九等 11 人，均就地正法。惩治拐匪案件，若干年间在广东等沿海省份审办的刑事案件中一直占相当比重。北方地区也间有此类案事。1872 年间，在天津拿获诱拐幼童卖与洋船的鲁二、江柱，由省提勘后即行处决。直到 1874 年时，鉴于有关案事有所减少，清廷同意广东巡抚张兆栋的奏请，将拐掠人口出洋罪犯改照一般死刑犯处理。当然，华人拐匪多受外国人贩子的收买、操纵，因而惩治拐匪也常受到外国列强的干涉、阻挠，清朝当局对此也有所顾忌。这在相当程度上影响了惩治拐匪的力度和实效。

总的说，清政府与英、法代表议订的这个《招工章程》，在当时特定条件下，对于以约章形式把招工事宜的规定具体化，使之有章可循，避免漫无限制，还是有其积极意义的。英、法政府也感到这对其在华工方面的殖民权益有所限制，所以拒绝批准。清政府方面则坚持要依此约章行事。从日后的实际情况看，这个章程成为清政府和诸多国家进行华工问题交涉所持的一个文件蓝本。

 海外设领与"保护"华工

清政府在海外设立领事，也与华工问题密切相关。

筹议之初，清政府中的顽固派乃至一些封疆大吏表现得相当颟顸。譬如，1858 年中美天津谈判中，美方杜邦与清政府代表、直隶总督谭廷襄议及设领事问题，有过这样一番对话：

杜：中国是否应该派领事驻美国，照料华侨事宜？

谭：敝国习惯，向例不遣使外国。

杜：美洲太平洋沿岸各国中贵国人民为数甚多，不下数十万人。

谭：敝国大皇帝抚有万民，区区此类飘流海外者，何暇顾及？

杜：此类华人在美国开采金矿，率皆富有，似颇有保护之价值。

谭：敝国大皇帝之富，不可数计。何暇与此类游民计及锱铢！

杜邦提出中国应派领事驻美，显然不是出于真正保护华侨，而是别有用心。谭廷襄的拒绝，把海外华侨视为无足轻重、无需保护的“游民”，则表现了十足的愚昧和昏聩。

当然，对海外设领事问题，清朝官员也不是全持这种态度。随着华工出国的合法化，华工出洋人数猛增，华工事务日繁，并直接牵涉到清政府的内政、外交，一些对洋务有较多了解的官员，开始意识到不容再坚持传统偏见，应该重视华工和华侨问题。譬如恭亲王奕䜣就认为："如坐视华工受虐而不设法拯救，不独无以对中国被虐之民，且令各国见之，亦将谓中国漠视民命，未免启其轻视之心。"另一方面，海外华工和所有侨胞从切身感受中也都迫切希望本国政府在他们的旅居地设立领事，以对他们有所保护。

海外设领事是随着清政府派遣驻外公使而正式提上日程的。1876年，郭嵩焘作为中国近代史上第一位驻外公使出行英国，途经新加坡和槟榔屿（时为英国殖民地），了解了当地和东南亚其他地方的华侨情况，亲身体察到华侨"延首跂望，深盼得一领事与为维持睽睽民情"的急切心情。他到达英国后，即与英国外交部交涉在新加坡设立领事，但英方制造种种借口，故意刁难。经郭嵩焘反复交涉辩论，直到马嘉理案（英国驻华使馆职员马嘉理接应英国的武装探路队，于1875年春由缅甸进入我国云南，被当地民众杀死，英国借端发难的事件）发生，英国迫使清政府签订《烟台条约》获得诸多侵略权益之后，才于1877年同意清政府在新加坡设立领事，但首任领事是由当地华侨巨商胡璇泽充任的，此人与英殖民当局关系比较密切，又受俄国和日本委任兼该两国驻新加坡领事，故还不能算由清政府直接派官膺任。不数年，胡璇泽病逝，经这时的清驻英公使曾纪泽与英方反复交涉，最终才达成由清政府直接选派领事的协议，由左秉隆于1881年接任。

左秉隆曾在清总理衙门属下的洋务学堂同文馆肄业，是一位高材生，1878年随曾纪泽出使英国，充任翻译官。他对外国情况有较多了解，并且勇于任事。他1881～1891年充任驻新加坡领事的10年间，尽心尽力，在保护华工方面做了大量工作。当时，虽然西方国家屡屡表示禁止贩奴，但一直利用新加坡作为贩运"猪仔"的转口基地。左秉隆一上任就刊布告示宣明禁止贩运"猪仔"，英方以领事越权为借口极力攻击，他就移文广东潮惠嘉道（辖潮州、惠州、嘉应州一带的官员），请在当地严加查禁，以相配合。他还在新加坡亲自查访，一经发现被贩运之人，就积极设法保护，既遣返回一些被拐掠的华工，也救助过不少旅居新加坡的贫苦华人。广东籍侨民何昌炽，8岁的幼子被匪徒拐走，察知被卖地后禀诉于左秉隆处，左秉隆极尽周折，终于把孩子救出。当何昌炽携带获救的爱子到领事馆面谢左秉隆时，左怜其贫困还赠送5块银元。鉴于香港常有贩卖"猪花"到新加坡为娼的情事，左秉隆便率当地华绅向英殖民当局提出抗议，并倡设"保良局"，使贩卖娼妓的恶风有所收敛。新加坡的华工和其他各阶层的华侨对左秉隆颇为感念。曾是左秉隆直接上司的清政府驻英公使薛福成考察了他的政绩，赞其对护侨等职事"精明练熟"，"办事稳健"，"盖领事中之出色者"。

在新加坡设立领事后，清政府又相继在南洋各处筹办扩设领事，经两广总督张之洞奏准，派遣总兵衔副将王荣和、盐运使衔候选知府余瓗作为专使，于1886～1887年间考察南洋各地和澳洲华侨情形。他们先后到过菲律宾、新加坡、槟榔屿、缅甸、印度尼西亚和澳大利亚等地，了解到各地华工和其他华侨深受殖民主义者虐害，困苦备至，迫切要求本国政府派官保护，许多地方的华侨甚至表示愿意自行筹资设立领事馆。张之洞就此向清廷奏报说："该委员王荣和等，于役南洋，海程五万余里，各埠华民……恳求保护之情，至为迫切。查出洋华民数逾百万，中国生齿日繁，借此消纳不少。近年各国渐知妒忌，苛虐驱迫，接踵效尤。若海上不安其居，即归内地，沿海骤增此无数游民，何以处之？故保护之举，实所以弭近忧而非勤远略也。倘蒙朝廷设立领事，加以抚循，则人心自然固结，为南洋之无形保障，所益非浅。"

当然，张之洞建议在南洋扩设领事，并不完全是出于诚心保护海外侨民，而在很大程度上是为其辖境的地方治安着想，生怕大量南洋侨民（原籍两广一带为多）因受侨居地的迫害而返回，增添大量无业游民。这实际上反映了清政府在设领事问题上的复杂意图。例如，薛福成在谈到在南洋扩设领事时就多是从财政收入的角度考虑其必要性，他表述说：南洋各岛星罗棋布，形势尤为切近，华民来往居住，或通商，或雇工，或种植，或开矿，不下数百万人，而总共只需设领事数十员，综计岁费不过十万金，但于商政日兴、民财日阜大有裨益，可以得海外更多捐汇之款，增加财政收入。此外，也还有加强对海外侨民防范、控制甚至进行"弹压稽查"的实际政治目的。但无论如何，把海外侨民不再视为无谓的弃民，按照国际惯例设立领事在异邦直接管理侨务，这是清政府迫于大势的一种进步，有一定的积极意义，并且确也包含了保护华工权益的因素。

在美国，清政府派遣的驻美公使陈兰彬于1878年抵任后，即奏请在该国华工集中的各埠设立领事。他说："查美国各邦华人约共14万余，计金山一带已有6万，大半系佣力谋生，近因外来洋人与本处工人积不相能，事端百出，自需亟设领事官，以资保护。"所谓"佣力谋生"者，即是华工。可见陈兰彬筹议在美国设立领事，主要就是为了"保护"华工，并且，很快就在旧金山设立了总领事。后来，又在纽约、檀香山等地设立了领事。

从外国对清政府海外设领的态度看，因为各国的具体情况和采取的策略不同，其表现也颇不一致。例如在美国就没有遇到多大障碍，这是因为美国考虑到中国设领事管理那里的华工和一切侨民，对该国更为有利。有的国家则对中国在其本土或殖民地设立领事提出过较多的限制条件，经过反复交涉才得以逐步推行。中国在英国的南洋殖民地设立领事就是如此。有的国家则持极力阻碍和拒绝的态度。例如西班牙一直不准清政府在其统治下的菲律宾设立领事，直到美国夺占菲律宾后清政府才在那里设领。荷兰则对清政府在其统治下的印度尼西亚设立领事百般阻挠。总的看，清政府在海外设立领事并非一帆风顺，是经过了一个艰难的较长过程。到清末民初，先后在海外设立了领事馆40余个。就其类型而言，一类是重在管理商务，保护商民，如在日本、朝鲜、俄国设立的领事馆；一类是着重于管理和保护华工，如在美国特别是在古巴、秘鲁设立的领事馆。清政府有的官员对通过领事馆而扼制苦力贸易也抱有很大希望。如张树声任两广总督时就曾提出，凡按手续招收的华工，在运抵承工国时，要由驻那里的中国领事官逐一核验，没有设领事的地方永远不准招工。

在当时的条件下，由于中国沦为半殖民地半封建的社会，国家主权受到严重损害，不消说在海外设立领事不可能顺利，即使设立了领事，其实际权能也难以从根本上对华工和其他华侨进行有效的保护。就拿上面提到的那位左秉隆来说，尽管他在护侨方面尽力做了一些事情，获得当地华工和其他华侨的一致好评，但终归哀叹"自惭衔石难填海"，最后不得不提出辞职。甚至在设领比较顺利的美国，中国领事官员连自身安全也没有保障。驻纽约的领事馆人员出门常遭到暴徒们的辱骂、围攻。驻旧金山总领事馆的一名武官，在去华侨会馆办事回来的路上，无缘无故遭到美国警方人员的嘲弄和殴打，发辫被系于路灯的铁柱上，又被铐押到捕房遭百般殴辱，羞愤之下吞煤气自尽。

4　古巴、秘鲁华工交涉案

通过外交谈判和交涉来处理华工案，也体现出清政府对待海外华工态度的变化。

在诸多海外华工的交涉案例中，比较而言，较有成效的要数古巴、秘鲁华工交涉案。

　　古巴当时是西班牙（时华文多译作"日斯巴尼亚"）的殖民地，在那里的中国华工的惨苦处境已如上述。古巴华工不断通过各种途径向本国申述，甚至列强中有些国家出于在苦力贸易中与西班牙竞争的需要，也屡屡向清政府提供有关信息。然而，西班牙殖民当局却竭力否认事实，进行抵赖、狡辩。1871年，清政府总理衙门照会西班牙驻华公使，就西班牙违章在华招工以及古巴华工备受凌虐事提出抗议，对方却装聋作哑，迟迟不予答复，直到1872年9月间，才复照搪塞，拒不承认有拐骗和虐待华工情事。鉴于西班牙方面蛮不讲理的态度，清政府于1873年2月提出拒绝西班牙招收华工去古巴。西班牙一方面继续掩饰违章招收华工和古巴华工受虐情事，一方面则表示愿意按招收华工的"二十二款"章程中的有关规定行事，同时提出希望清政府能在古巴设立领事管理华工。清政府坚持认为，在正式议定设立领事以前，必须首先查明古巴华工的事实真相，这是设立领事的前提条件。经过反复磋商，1873年10月22日，中西双方在北京订立了旨在认可中国可以派员前往古巴查明华工情形的《古巴华工条约》。

　　受命赴古巴查明华工情形的是刑部主事、留美学生监督陈兰彬，在中国海关税务司供职的英国人巴福臣和法国人马秉文随同前往。1874年，陈兰彬一行到达古巴，走遍古巴华工集中的各埠，查访历时3个月之久，共录得口供1176纸，又收得1665人的合禀帖85份，在此基础上，又将总理衙门饬查的51项事宜，诸如"古巴华工系从中国何处招去"、"古巴承工华民,是否均有合同"、"立合同时,是否将合同内字句语言令华工明悉"、"华工往古巴时,途中所搭坐之船,种种安置有无妥章预为照料"、"承工年限之内,华工情形如何"、"工主不按合同,该工人等有无申诉之律"、"承工年限内工人有无休息之日,可否任便,有无保护之例"等等,逐一详细写出书面报告。这次实地调查,以铁的事实证明,古巴华工所受的迫害、虐待是骇人听闻的。在铁的事实面前,西班牙的任何辩解都是徒劳的。

调查结果公布后,世界舆论哗然。清政府旋任命陈兰彬为驻美国、西班牙、秘鲁大使,容闳为帮办。清政府作出这一外交上的人事安排,保护古巴以及秘鲁华工显然是直接缘由之一,当时总理衙门的奏报中就很明白地说,参酌各国情形,须在各国就地设领事官,才能便于保护那里的华工。但设领事之前,先要派驻该国公使,而分别派驻美国、西班牙、秘鲁公使,一时又难有合适的人选,鉴于三国地理上比较接近,陈兰彬又实地调查过古巴等地华工事宜,对情况比较熟悉,故任命他兼任驻三国公使。就职后,陈兰彬、容闳又对古巴华工情况作了进一步调查,就维护华工权益与西班牙直接进行交涉。

在清政府的努力下,加以世界舆论的压力,西班牙不得不同意就古巴华工问题与清政府进行正式谈判。1877年,双方正式签订了《中西古巴华工条款》。尽管该约也不免具有不平等因素,但毕竟规定了"不准或在中国各口，或在他处，妄用勉强之法，及施诡谲之计，诱令华民人等，不出情愿而往"；西班牙"所有待大国同类之人最优之处，中国人民，或已在古巴者，或嗣后前往古巴者，亦应一体均沾"等事项，并且将中国派驻古巴总领事，专门列为其中的一款。

　　该约签订后，西班牙殖民当局不得不按照有关条款，给4312名古巴华工照发了"满身纸"（承工合同期满的自由人证书）。1879年，清政府首任驻古巴总领事刘亮源到任，"华民皆喜色相告，纷纷请领执照，冀得自由。遇有应办事端，该地方官尚有相商"。1880年，领事馆共发"行街纸"（自由上街的通行凭证）4万多份，许多被拘于"官工所"的华工之事也获得解决。总之，古巴华工的处境有了较明显改善。

　　秘鲁华工交涉始于1873年。当时中国与秘鲁尚未订立双边关系条约，秘鲁使臣葛尔西耶通过英、法、美等国驻华使馆介绍，提出秘鲁希望与中国就华工商议立约。清政府对秘鲁华工遭受虐待的情形已有所了解，便以秘鲁本系与中国无约之国，虐待华工之事又多有发生，表示拒绝接待。但外国驻华公使以密使"来意甚好，原欲商议立约，保护华工，若中国置之不理，必为各国所轻视"之类的言辞，连连从中说项。清政府最后才同意接待，让葛尔西耶到天津与北洋大臣、直隶总督李鸿章洽谈。

　　李鸿章较早就对华工问题有所关注，对秘鲁虐待华工之事也有所耳闻。还在葛尔西耶来华前一年，即1872年，当李鸿章得知秘鲁船"玛耶西"号贩运华工途经日本被扣留的消息后，即表示秘鲁为无约之国，竟敢拐掠华工，"不胜发指"，建议清政府派员赴日会审，"彻底根究，以儆效尤而保民命"。因此当葛尔西耶前来谈判议约，李鸿章一开始就把华工在秘鲁受虐待问题尖锐地提了出来。他向葛尔西耶先后出示总理衙门转来的秘鲁华工于1869年和1871年的两次具禀，以确凿的证据揭露秘鲁迫害、虐待华工的情事，并宣明，除非遣返秘鲁华工，否则不与秘鲁订立双边条约。葛尔西耶矢口否认华工在秘鲁受虐待的事实，他狡辩说："出示的具禀原不足为据，因为这是内容笼统的指控，对有关具体人物、时间、地点均没有说清；至于所说秘鲁华工极其惨苦以至十有八九死去更非事实，因为现在还有十来万人在秘鲁生活；关于华工返国，并非所有在秘鲁的华工都愿意回国，有些华工已成为比较富裕的商人和农场主，况且秘鲁政府也颁布了一些改善华工待遇的条例，华工在秘鲁的合法权益能有保障。"他还说根据秘鲁的法律，政府并无权力和义务遣返根据契约前来的华工。

显然，葛尔西耶抹杀了当时业已轰动世界舆论的秘鲁残酷迫害华工的基本事实，或是信口撒谎，或是抓住李鸿章言词中个别不准确之处，大做文章。不过，也可以看出，此人是一个颇善于外交辞令的职业外交家。相比之下，李鸿章似略逊一筹。尽管他的态度比较强硬，但所打出的牌并非张张合适。譬如，他极力坚持的全部遣返秘鲁华工，就极不现实：一则这需要花费巨资，秘鲁方面肯定不会支付，中国短时内也难以筹措；二则，一下子遣返偌多华工，就业安置也非易事；三则当时正值一些国家和地区极力排华，全部遣返秘鲁华工会给排华分子提供借口，使排华更趋激烈。对于这些，李鸿章考虑得并不周密，这与他对世界形势和侨务全局不能洞悉密切相关。不过，从这次谈判伊始，李鸿章就比较明确而坚决地站在维护海外华侨和国家权益的立场上，这是应当肯定的。

　　因为中秘双方各执己见，谈判陷入僵局。眼见葛尔西耶就要徒劳而返，英、美驻华公使急忙出面斡旋。葛尔西耶也到北京直接与总理衙门官员接触，希望打开新的缺口，转圜谈判僵局。经过谈判桌外一段时间的复杂外交活动，1874 年 5 月，李鸿章与葛尔西耶在天津恢复谈判。在这轮谈判中，李鸿章放弃全面遣返秘鲁华工的议约前提，转而要求先订立保护华工专条，待清政府派员到秘鲁调查华工情形后，再进行订立通商条约的谈判。应该说，这时李鸿章站到了比较务实同时也比较策略的主动地位。然而，葛尔西耶此行的主要目的是订立"通商条约"，即内容比较全面的双边关系条约，以使秘鲁取得类似列强诸国在华的"合法"权益。所以他极力坚持此次在议定华工专条的同时，应议订"通商条约"，起码是先议订草约。经过多次谈判，双方都作出一定妥协，最后于 6 月 26 日签订《中秘查办华工专条》和《中秘通商条约》。《中秘查办华工专条》规定：中国派员前往秘鲁查办华工状况；华工可享受寓秘外国侨民的一切权益；华工受雇主虐待，可向秘鲁地方官员直至高等法院控告；秘鲁政府有责任督促雇主履行合同，合同期满，秘鲁政府出资遣送华工回国等。

与秘鲁签约后，李鸿章便奏派曾在天津参加中秘谈判的容闳赴秘鲁调查华工情形。容闳于 1874 年 9 月抵达秘鲁，深入华工聚居区，获取大量华工的口供和见证人提供的材料，以确凿的事实，证实华工在秘鲁受到种种非人的凌虐。容闳将调查结果及时禀报清政府。1875 年 7 月，秘鲁换约大臣到达天津时，李鸿章出示了容闳的详细报告，对秘使进行诘问，并声明除非秘鲁方面承诺保证制止对华工的虐待，改善对华工的待遇，否则不予换约。外国驻华公使闻知后，一齐向总理衙门施加压力，要求与秘鲁方面顺利换约。这时正值交涉马嘉理案之际，从总理衙门到李鸿章都有意借助外国调解，故不愿因中秘换约事得罪外国驻华公使，便同意换约，但要求换约时互递照会，重申保护华工事宜。最后秘鲁政府在给中国的照会中承诺"实力保护"华工，"不容稍受委曲情事"，并表示愿同中国方面进一步会商华工事宜。

此后，秘鲁方面不得不在改善华工待遇方面采取了一些实际措施。到 1879 年时，有半数以上的在秘华工契约期满，按约成为自由人。并且，由于秘鲁爆发战争及其他多种原因，新到秘鲁的华工也大大减少，拐掠贩卖华工的情况也不再像过去那么严重。1884 年，清政府驻美国、西班牙、秘鲁公使郑藻如到秘鲁再次视察华工情形，并筹设驻秘领事馆。首任驻秘领事刘福谦到任后，也能努力保护华工。事实表明，从清政府通过外交途径与秘鲁交涉华工事宜后，秘鲁华工的境况较前确有改善。

　　清政府通过外交手段，在华工交涉中取得一定实效，这自然应该肯定。但也应看到，当时中国作为一个主权受到严重侵害的半殖民地国家，其外交根本上是受制于列强的屈辱外交。清政府对外妥协，严重损害国家和民族利益。在这种情况下，海外华工没有一个独立而强大的祖国为依托，由外交方面维护其权益也就受到很大局限。

5　黄遵宪与华工

　　黄遵宪不但是中国近代一位著名的爱国主义诗人，一位著名的改革派人物，而且也是一位著名的外交家。而他的外交生涯，又是和保护华工和其他华侨的业绩紧密联系在一起的。

　　1991年，香港南源永芳集团公司曾主办了"纪念黄遵宪先生当代书画艺术国际展览"，其中有一幅题为《生民》的巨幅绘画作品（作者赵奇），就是以"黄遵宪与华工"为题材的。画面是簇拥的长列旧金山华工，他们的身躯如同内华达山脉的花岗岩雕成，显示着坚强和力量。但伴随他们的又是深重的灾难，他们中有被榨干血汗的濒死老人，也有瘦弱待毙的孩童，而一个残破的木箱，便是一个整年累月挣扎拼命的华工的仅有财产。身着清朝官服时任驻旧金山总领事的黄遵宪，就站在他们中间，显示出非常的坚毅和激愤。这虽然是艺术创作，但包含着深刻而真实的历史蕴涵，向人们展示了当年一个不怕艰危、努力保护华工的中国领事官的形象。

1882 年，34 岁的黄遵宪卸去了历时 5 个年头的驻日本公使参赞的职务，改任驻美国的旧金山总领事。而这个时候，正当美国掀起排斥华工运动，在美华工处境非常艰险困难之际，作为华侨聚居之地的旧金山，形势尤为严峻，虐待、迫害甚至残杀华工的事件层出不穷。黄遵宪一到任，就抓紧调查，为保护华工和其他华侨而不惮烦劳地奔走交涉。

当时，美国当局常采用所谓"拉房"的卑劣做法来迫害华工并敲诈勒索钱财。它一方面限制华工的居住面积，一方面又借口华工的居住窄狭，不符合文明大国的卫生标准，将许多华工逮捕关押，勒令交纳罚金。黄遵宪亲自赶到关押华工的监狱，他让随从丈量了囚室的面积，质问狱方人员说："难道这个地方的卫生情况，能好于外面的华工的居所吗？"狱方人员理屈词穷，只好释放被关押的华工。为对付不时发生的"拉房"事件，黄遵宪通告华工，即使被拉走也不要被迫交纳罚金，要团结一心，不屈不挠地斗争。为了让被拉去的华工在狱中无后顾之忧，他又劝导华侨会馆尽量为被拉走的同胞保留职事。在黄遵宪坚持不懈的交涉下，一批批被拉走关押的华工获释。

每当发生残害华工和其他华侨的案件，黄遵宪都尽快查实情况进行交涉，对一些自行交涉难有结果的恶性案事，就及时向清政府驻美公使郑藻如汇报，商讨对策。一次，一家地方法院审理两起残害华侨的案件。一起是罪犯故意把华侨从楼上推下；另一起是罪犯鸣锣纠集众人，用大绳拉倒华侨房屋，有目击者作证，又有罪犯使用的锣和绳子等物证，但法官最后竟判案犯无罪，予以释放。黄遵宪查知案犯是以重金收买律师，又向法官行贿，即禀报郑藻如，愤怒地揭露这种无法无天的罪恶行径。

聚集旧金山的华工，在淘金热过去之后，多又从事像洗碗、洗衣等一些当地人视为"贱役"的工作。这里单洗衣工就有五六千人，洗衣馆分布于大街小巷，一般都比较简陋，美方不断制造借口进行刁难。譬如以洗衣馆堆积衣服易于燃烧为由，规定必有砖屋才准开设；又说洗衣操作起来搅扰邻居休息，规定晚10点钟以后早6点钟以前不能做工，并且让各洗衣馆重新登记，领取新的牌照，实际是借重新发照名义，对洗衣华工苛刻挑剔，勒逼停业，断其生计。针对这种情况，黄遵宪与郑藻如函商，认为只能同意引水防火，馆中不能容留传染病人，应有适当工时等有合理因素的规定，而对借换照排斥、刁难华工，决不能听任，要进行交涉、争讼。

美国是参与苦力贸易的大户，尽管它是在"自由移民"的招牌下贩运华工的，但直到黄遵宪抵美时，早期那种方式野蛮的"猪仔"贩卖仍未绝迹。一方面是排华运动甚嚣尘上，一方面是贩奴活动继续进行，特别是这时贩卖华人妇女的活动尤为猖獗。拐贩一名华人妇女来旧金山卖为娼妓，价格可达千余金。这成为一些惨无人道的人贩子的发财之道。而旧金山等地华人娼妓越来越多，既毒化风尚，也严重影响华侨社会的安定，甚至引发诸多命案。针对这种情况，黄遵宪对美方的贩奴贩妓活动坚决干预。他援引西方国家的有关法规及其平时冠冕堂皇、欺人耳目的宣传言词，有力揭露美国贩运华工特别是华人妇女的违法行径；同时，充分利用领事所享有的权力，对到港的运载华人船只进行严格检查，并经常开放华工向领事投诉的渠道。一旦有华人告明有被拐贩情事，立即知照美国当局查办。这样，在他任驻旧金山总领事期间，由此一地而影响其他各地，使全美的贩奴贩妓活动有明显收敛。

另一方面，黄遵宪又认真整顿侨区秩序，以便"扎紧篱笆防狗人"，不给美国方面以可乘之机。为杜绝娼妓进入，他制定了这样的管理办法：华人妇女来美居住，要有知情者取具保结，证明其身份，由总领事查验，发给凭单，严格各项手续。他又努力调解各华人会馆间的矛盾，劝止各堂口的械斗，并且直接促成中华会馆与总会馆的合并。

为了使保护华工具有法定程序和规范可依，黄遵宪与清政府驻美公使商定，设立华工护照制度。护照上使用中美两种文字。鉴于华工多不识字，特别是不懂西文，无从填写护照内所列各项，黄遵宪便布置专人代为书写。护照制度的实行，使美国华工首次有了中国政府发给的身份凭证，一旦遭到侵害，中国领事馆凭华工护照出面与美国当局进行交涉，也就增加了方便。

美国当局的排华法案，即限禁华工的所谓"新例"，是它借以限制、迫害华工的护符，黄遵宪乃"苦心焦思"，据理予以批驳，特别是抓住其中"背条约，妨国例，且有违公法"的某些规定，表示"终必与之力争，争之，谅亦终必收效"。在批驳美方"新例"的过程中，黄遵宪不但态度坚决，也表现出相当高的策略性。譬如尽量争得美国官员中对排华持异议的人士的同情和支持。当时美国资产阶级为了吞噬华商利益，竭力利用"新例"阻碍华人来美经商。然而，"承工"与"经商"按例是有所分别的，不能把对华工的禁例一并施于华商，像这类交涉案事层出不穷。黄遵宪坚持争讼，使美方有些法官也认为其义正词严。在一桩由美国法官哈门、费卢主审的案事中，他们就与持不同态度的律师反复论辩，最后判定可允华商登岸，使前来听审的华人和主持公道的美国人士为之大快，黄遵宪自然更感到高兴。

排华分子则对黄遵宪恨之入骨，甚至公然不顾国际公法，以暗杀相威胁。一次，黄遵宪突然遭到一群不明身份的暴徒的围攻，有人用手枪指着他凶狠地说："如敢引华人入境，当以此相赠！"黄遵宪毫不畏惧，一直为保护华工和所有华侨的权益而坚决斗争。

黄遵宪的护侨事迹，使旅美同胞深受感动，铭记不忘。直到他卸任离美 20 多年后，梁启超来到这里，一些老侨胞还对黄遵宪赞不绝口，使梁启超大为感慨，黄遵宪自己闻知其情后也十分激动，对梁启超说："今近二十年矣，各工人犹能识吾名，其上等之豪商老店，兼能述吾政事。一领事无权之官仆，在任四年，自问无一事如吾意者，而吾民乃讴思若此。"

黄遵宪是 1885 年离任回国的，在广东嘉应（今梅州市）老家从事著述数载，又受命出任驻英、法、意、比公使薛福成的二等参赞，1891 年改任驻新加坡总领事，兼辖槟榔屿、马六甲海峡等英属殖民地的华侨事务。这时新加坡已经发展成商业繁荣、华人众多的大埠，全岛居民不满 20 万人，华人约占 12 万。此外，槟榔屿、马六甲各地尚有华侨 10 万余人。他们多是以华工身份出洋的。当时侨胞们在海外受着殖民主义者残酷压迫，而回归祖国又受清政府的限制。黄遵宪正是从这两个方面着手，为改善南洋华工和其他华侨的处境而竭心尽力的。

他首先详细调查了有关各岛华侨情形，针对侨务管理上的一些积弊着力革除。经他向薛福成禀告转由总理衙门批准的，除重大事端需禀请公使转咨闽粤督抚核办外，一般事情则可由其直接咨地方道府州县核办，若遇有特别紧要事端，可一面报告使署，一面直接与闽粤督抚联系。这样，既可避免公函辗转延宕耽搁时日，也扩大了领事职权，得以放手开展工作。从此以后，他与国内地方官员及时互通声气，相互配合，严厉查缉贩卖人口等活动。鉴于新加坡屡有劫杀华侨之事，黄遵宪照会英殖民当局，要求严加防范，并提出了一些具体措施，敦促英当局实施，使劫杀华侨的恶性案事减少。

鉴于清政府长期坚持限制华侨自由归国的政策，使侨胞们失去祖国和家园的依托，更促使了殖民主义者对华侨肆无忌惮地迫害，黄遵宪详细陈明情况，分析利害，极力奏请清政府改变政策，允许华侨自由归国。正像薛福成所说：黄遵宪"体察既深，见闻较熟，故言之较切"。及至 1893 年，清政府终于接受了这个建议。黄遵宪在驻新加坡总领事任内，还创立了南洋华侨护照制度，使侨务管理更为规范，对保护华工权益也起了积极作用。

同在旧金山一样，黄遵宪努力维护华侨权益，屡与殖民当局交涉，也引起殖民主义者的忌恨和非难，说什么"凡居住本地之华民，在其居留时间内系受女王陛下政府所管理、所统治，决不容中国总领事从中干涉"。黄遵宪针锋相对，根据国际公法中关于总领事有权保护侨民的条款，义正词严地驳斥殖民主义者的谰言，继续坚决地履行其总领事的神圣职责。当然，其时不论是美国还是南洋华侨，并不完全是华工，也包括一部分积有一定资产的比较富裕的华人工商业者，但其中大多数是华工或华工出身。华工不但人数众多，而且地位尤为低下，是殖民主义者凌虐、压迫的主要对象，排华的一些恶性案事多发生在他们身上，因而保护华工在当时侨务工作中自然占相当比重。黄遵宪是一个富有正义感和同情心的人，特别是他能把华工问题与民族、国家地位联系起来。在他因激愤于海外排华恶潮而写下的五言古诗《逐客篇》中，开篇便写道：

呜呼民何辜，

值此国运剥。

轩顼五千年，

到今国极弱。

鬼蜮实难测，

魑魅乃不若。

岂谓人非人，

竟作异类虐。

茫茫六合内，

何处足可托?

在黄遵宪看来，小民是无辜的，只是有着悠久历史的中国，国运剥落，如今到了极弱的地步，而遭受那些野蛮残忍胜过魑魅魍魉的殖民主义者的残害，不把当人对待，偌大的天下，简直没有华民可以托足寄身的地方了。正是基于这种国家和民族的创痛感，他发愤尽其所能保护华工，而不因为他们是穷苦的劳动者而轻鄙不顾。所以，著名华侨领袖司徒美堂曾称赞他"虽然作清政府的官，但还有良心"。是的，正因为他有这种民族的"良心"，才会努力做保护华工和其他华侨的工作，虽然在当时中国国运剥落、国势极弱的条件下，他无法从根本上改变海外侨胞特别是华工的处境，但他毕竟是尽其所能了。这也就是他所以受到后人尊重和纪念的一个重要原因。

七　第一次世界大战与华工

法、英大量招募华工

苦力贸易的典型时期是在晚清（特别是 19 世纪后半期），但并没有随着清王朝被推翻而完全停止。此后华工出洋的一些具体情况虽然与那时候相比有所不同，但其性质并无根本改变。

民国年间，特别是在第一次世界大战期间（1914～1918），由于欧洲各主要交战国都把大量的人力物力投于前线，后方生产劳力紧缺，并且为战事服务也需大量劳工，本国供不应求，它们便把招用廉价华工作为解决战时劳工问题的重要途径。特别是协约国方面，利用他们与当时北洋政府的密切关系，在为支持战争而招用华工方面取得"垄断"地位。第一次世界大战是帝国主义之间的一场争夺战，双方都毫无正义可言。"招用"华工，把大量华工投于战火之中，这本身就是强盗加狂人的一次极其阴险残忍的赌注！

法国本土作为重要战场，也是协约国方面所招大量华工的重要役地，而招工是由法国和英国分头出面进行的。法国主要是由惠民公司承招。惠民公司设有天津、香港、浦口、青岛等多家分公司，他们在 1916、1917 年分别承招和运送出洋的赴欧华工数目为：天津分公司在 1916 年 3 次共运出华工 6038 名；香港分公司于 1916 年间的 5 个月内 5 次共运出华工 3221 名；浦口分公司于 1917 年 14 次共运出华工 18970 名；青岛分公司于 1917 年下半年 3 次共运出华工 4418 名。除了经惠民公司招运外，还有由法国招工局直接招运的。有材料说，法国在一战期间共招用华工达 15 万名。英国是由劳工局管理、和记洋行参与在华招工的，以青岛和威海卫为主要出港口。有材料说，英国远征军招雇的华工达 10 万名。

在北洋政府宣布参战以前，中国作为"中立国"，是不能与协约国方面签订允招华工的约章的，开始时一切都是在北洋政府的默许下进行的。而属同盟国方面的德国自然极力进行阻挠和破坏，大肆宣传协约国诱骗华工不过是充当其炮灰。这当然是出于与协约国方面的争逐，但其充当炮灰之类的话却也是事实。德国的宣传也不无效果，譬如使惠民公司在天津的招工就遇到很大阻力，应招者不但不积极，而且有些被诱骗应招的人听到德国的宣传后，纷纷向招工者进行质问，有的在被装船出洋前又千方百计地逃跑。招工方除了用甜言蜜语进行诱骗宣传外，对诱招的华工更采取了严密的防范措施，一有纷扰的迹象，便立刻进行弹压，并尽量缩短在集中地的滞留时间，尽快装船运出。而整个过程都是在军警的严密戒备下进行的。

法、英所能诱招到的华工，自然都是被生计所迫的穷苦人。他们"都是衣衫褴褛的，他们的棉袄都破得不能穿了，有的简直是破烂不堪，用旧布把破口将就补缀起来"。虽然所招收的是35岁以下的壮年，但"形容憔悴，满脸皱纹和饱经风霜"。为了能以自己的血汗甚至生命换得一时的养家糊口，他们忍受骨肉分离之痛，离乡背井，到远在数万里外，正弥漫着战火、呼啸着枪炮的异国他乡去服苦役。

从当时招工条款的字面看，对无以为生的华工也确有着一定的诱惑力。譬如法商惠民公司的招工条款中载明：中国工人决不用于任何战事职务，专为从事各种实业及农业之用；华工佣工之期为5年，期满后有长期留居法国和享受免费回国之权；华工日工资5法郎（要从中扣除衣履费和疾病死亡保险费）；华工有休假的权利，患病由雇主出资医治；华工每天工作时间不超过10小时，若超过这一时间则给加班费等。而英国威海卫侨工事务局更进而承诺，由它所招收的华工，除了其本人在役地领得一定数量的工资外，其在中国的家属还可以每月获得10元钱（由威海卫侨工事务局直接寄发）。甚至在外国人写的一个宣传材料中，把英、法招收华工简直描绘为拯救苦难中国人的一桩善事，说什么招收华工契约的条款是"公平的、慷慨的"，"根据最冷静的估计，这些条件意味着在一个时期内，不仅华工本人而且包括他的亲属，可以完全摆脱经济的忧虑。这个时期，即使是最短的，也比在中国可能得到的保证的时期要长。如果下定决心不乱用钱，华工这一辈子的生活就无须发愁了"。"威特瓦特斯兰德金矿协会在威海卫建造的、但从未使用过的苦力收容所的建筑，今天成为到黄金之国去的通道。"这份材料中对威海卫华工收容所从集中到组织装运华工的一系列环节，还作了具体的描述，旨在证明华工所能享受到的"优待"和"幸福"！

但这份为招工者所作的粉饰性宣传材料中，依然掩盖不住残酷的事实真相，从中我们不难看到：每个华工都必须在契约上画押，而契约上除了招工者所承诺的给华工的待遇的条款外，还有种种苛刻的约束华工的条款。例如：华工在国外病假期间，仅供食而不发工资，若病假超过 6 周，连在华寄发其家属的补贴性工资也一并停发。这类条款招工者往往不向华工们作详细解释，而华工们大多都是目不识丁者，当他们在首先强调系"自愿出国"的劳工契约上按下自己的指印的时候，并没能了解契约的全部内容。

威海卫的华工收容所是一幢幢巨大的白色仓库，屋顶是麦草铺的，建筑在一个用铁丝网圈起来的场地上。收容所大屋的两侧和中间各有上下两列床板作为通铺，两头各有一门，檐下装有又高又窄的通风铁窗，俨若监房。在正式签约以前，收容所要先对华工进行体检，让华工们脱光衣服，检查他们身体的各个部位，凡患有所规定的 21 种病症（从肺结核、支气管炎、疟疾、花柳病到慢性眼炎、龋齿等）的任何一种，都要刷掉。合格者每人都有一个编号。从此时起，这个编号便成了华工的代号，该号码连同本人姓名用英文和中文填入一张名为身份证的卡片，又打在一个簿铜片做的手镯式的铜箍上，戴在华工的手腕上并用小扣钉铆牢，以作为整个承工期间的永久性识别标记。最后，还要在身份证卡片和契约上都印上他的手印，以便在装船出发时和到达役地后由专家核对指纹，以防冒名顶替。

在收容所集中期间，无时无刻不有军警的严密监视，每个收容所的大屋里都有一名监管人员，晚上他就住在上铺的一个隔离间里，从那里可以监视一个紧挨一个地挤满上下铺的华工们的情况，听到他们的动静。白天，华工们则被集中训练。

出发的准确时间华工们是不知道的，因为是战争特殊时期，运输也是在保密状态下进行的。到了运输船进入刘公岛上的英国海军瞭望哨的视野的时候，华工收容站才突然通知华工立即整装出发。这时候，早来等待送行的华工们的亲友挤在收容所的大门之外，与华工们进行临行前的告别，可以想见当时情景的凄惨。长长的华工队列通过大门，送行的人们努力搜寻着自己的亲人，巴望再看最后一眼，再说最后一句话。可一旦相互发现，许多人竟什么话也说不出来，泪水流满了他们的双颊。做儿子的从自己的行囊中已少得可怜的盘缠钱中再掏出一枚银元，哭着搁放在立于路旁浑身打颤的老父亲的手里。监管人呵斥着这个华工赶快入列。到了码头，所有的华工按预先编定的号码点验排列在岗哨亭前，接受军警们的搜身检查，以防他们携带"违禁品"和"危险品"上船。当运输大船

121

七 第一次世界大战与华工

开到下锚地时，驳船已经装上了华工，把他们以最快的速度转运到大船上。这时海军的拖轮也已开到，即刻把驳船拖走。除了必需的装人时间外，不允许运送华工的大船耽误一分钟，当最后一个华工一踏上甲板，便立即起动开航。船的影子在目送的亲友们的视野中越来越小，最后完全消失了，送行者啜泣着依然不肯离去。多么令人心碎的生离死别！是呵，这也许就是他们再也见不到面的永诀！

连极力为招工者粉饰的宣传品中，也不能不直言不讳地说，华工收容所并不是一个慈善机构，此时的招收华工也绝不是一项慈善事业，它是为了挑选能够在异国每天做 10 个小时的艰苦而有成效的劳动的人，以便能够把白人劳工替换下来，投入更加严酷的战争。其实，被招去的华工，本身就是被充作这场帝国主义国家之间厮杀的不义战争的力役人员的。对于这场战争来说，当时"整个中国都成为潜在的、事实上是无穷无尽的劳力供应的源泉"。出自外国宣传家笔下的这句话，可谓一语破的。

役地的艰辛和危险

法国和英国这次大规模招用华工，主要目的就是服务于战争。从华工分布的地点看，从后方遍及前线地区。华工们须接受战时的特殊管理，按照严格的军事纪律组成劳工连队，实行军事化管制。每个华工营的人数多少酌情而定，从 100 人到 3000 多人不等。有些华工营，特别是英国远征军的华工营，完全由军官率领。招工条约中关于绝不将华工用于任何战事职务的承诺纯属谎言，在中国对德宣战前的"中立"时期就根本没有执行，中国宣战以后当然再不存在任何约束力。除后方的工厂之外，相当多的华工被分配到直接与军事相关的铁路、公路、船坞、兵工厂、军火库、草料厂等部门服役，有些华工营则直接用于军需物资的装卸运输。

雇主通常并不按约保证华工所应享有的待遇，随意进行野蛮的虐待和严酷的军事管制，动辄施以重罚。华工们一上班就得连续不停地工作，连 10 ~ 15 分钟的中间休息时间都被绝对禁止。华工营不少被安置在常遭对方飞机空袭的危险地带，华工生命安全毫无保障。有材料说，英国雇役的华工中，1918 年 5 月至 9 月间，在伊斯柏格和诺雍地区就有 65 名被炸死；1918 年 8 月至 1919 年 4 月间，在敦刻尔克和加莱附近的华工有 95 名被炸死。在往返航程中也时常遭遇危险和不测。从 1916 年 9 月 17 日至 1918 年 5 月 1 日期间，就有 543 名华工和 209 名水手在海上意外丧生。1919 年 4 ~ 8 月间，47 名华工在乘船回国途中遭德国潜艇袭击丧命。不消说在承工期内经常遭遇意想不到的事故，就是熬到服役期满的华工，许多人也毫无积蓄。有材料说，从 1919 年 9 月 13 日到 1920 年 5 月 25 日，先后共 7 批回国的华工中，就有 3000 多人囊空如洗，身无半文。

华工们在役地的反抗斗争是经常不断的，或是进

行罢工，或是进行暴动。有统计资料证明，1916~
1918 年间发生在法国华工中的这类典型事件至少有 25
起。雇主方面不惜进行残酷镇压。譬如 1917 年 9 月
初，敦刻尔克的华工们面临德国飞机的疯狂空袭，安
全没有保障，雇主对此却漠然置之，毫不理会。华工
们不得已进行罢工，法国武装警卫采用暴力强迫华工
上工，华工们使用砖头和手中的工具进行回击，警卫
竟开枪射击，造成流血惨案。

罢工和暴动的不断发生，也从一个侧面反映了华
工所遭受的非人待遇。

8　华工与十月革命

在第一次世界大战当中，沙皇俄国是协约国阵营
的重要成员，也曾役使过大批华工。而就在这场战争
期间，俄国成功地进行了开辟人类历史新纪元的十月
革命，建立并逐步巩固了苏维埃国家政权。华工在这
一伟大的历史过程中也发挥了积极作用，作出了自己
的贡献，成为第一次世界大战期间华工史上的特殊一
页。

当然，俄国使用华工，并非始自第一次世界大战。
随着沙俄通过一系列不平等条约对中国东北大片领土
的割占，清政府对华工出洋的开禁，以及迫于国内流
民的压力而逐步取消对东北地区的封禁政策，俄国役
使华工有了政治上和地理上的双重便利，从 19 世纪 60
年代便有了赴俄华工，以后逐渐增多。据有关资料，

第一次世界大战前的 1906～1910 年间，到俄国远东地区的中国人已多达 50 万左右，其中大部分当为华工。他们分布在矿场、农场、林场、牧场、建筑、服务等多种部门，尤其集中于金矿开采和铁路修筑业。旅俄华工遭遇之惨苦，与当时在其他国家承役的华工相比，有过之而无不及，有不少人在多次虐杀华人惨案（如海兰泡惨案等）中牺牲。

第一次世界大战爆发后，俄国与它的"盟友"英、法一样，为服务于战争而大量"招募"华工，甚至实施规模比英、法更大（据估计，整个大战期间，旅俄华工总数可能达 50 万人），其手段也更为野蛮和卑劣，除了表面上按规定程序公开招募外，更多的是并不取得清政府同意而通过不正当途径进行的私招，甚至强行掳掠，连当时英、法招募华人那套"规范"外装都不要。此期的赴俄华工役地不再像以前那样主要限于远东地区特别是与中国邻近的省份和地带，而是根据战时需要分派到全俄各地，甚至有成千上万的华工被违约强行送到前线充当炮灰，连生命安全也毫无保障。有材料证明，一战期间沙俄将华工驱赴前敌起码有 30 多次，人数不下 8 万名，遭德军袭击而死的华工达7000 人。即使在后方，供役者处境也十分惨苦。譬如被驱使修筑铁路的华工，冒着零下 40 多度的酷寒日夜劳作，许多人冻掉了脚趾。不消说雇主，甚至连一起服役的德、奥战俘也时常打骂他们。

不堪忍受残酷的虐待，华工反抗甚至暴动的事件屡有发生，数百名、上千名华工的大规模暴动即举不胜举。这与俄国人民反抗沙皇政权的残暴统治、反对帝国主义战争的斗争相互配合、相互激荡，有力地推动了革命形势的发展。而革命形势的发展和革命环境的影响，又促使华工觉悟和斗争水平不断提高，成为自觉支持和配合俄国工人阶级夺取政权和保卫新生苏维埃政权的一支生力军。在彼得格勒，在莫斯科，在其他许多城市，都有许多华工参加工人赤卫队，有些华工还成为布尔什维克党员。他们与俄国革命者并肩战斗，共同接受血与火的洗礼，建树不朽的功绩。一个在彼得格勒造船厂工作名叫刘福辰的华工，最早参加了工人赤卫队，曾光荣地参加过攻打冬宫的战斗，以后又参加平叛战斗。一个辽宁沈阳籍的名叫李富清的华工，被诱骗到俄国后历尽磨难，九死一生，后来参加苏俄革命，还光荣地给列宁当过卫士，并且是卫士队的一个小组长，有若干个日日夜夜为列宁站岗放哨，也直接得到过列宁的关怀。像他们，可以说是千千万万华工战士的代表。在当时俄国，不管是在后方还是在与白匪和帝国主义干涉军厮杀的前线，都有众多的华工为革命而奋斗。

就说参加苏俄革命武装的华工吧，有些人是随所在的工人赤卫队的改编而成为红军战士的，也有许多人直接参加红军部队，常常是一个伐木场、一座矿山成百上千的华工集体参军。估计十月革命时期参加红军的华工起码有几万人。至于在敌占区参加游击队进行武装斗争的华工，当不少于参加红军的人数。据李永昌《旅俄华工与十月革命》一书的研究结论，"十月革命和国内革命战争时期直接拿起武器为保卫苏维埃政权而战斗的旅俄华工，总数至少当在15万～20万人之间"。单说在苏俄红军部队中，就有若干专编的"中国营"、"中国团"、华人"支队"之类的队伍，都是以旅俄华工为主体或全部是由旅俄华工组成的。就说属东方战线第三集团军第二十九狙击师的一个"中国团"吧，因一贯勇于承担最艰危的作战任务，故有"铁团"之称。该团参加了一次又一次的激烈战斗，付出了很大牺牲，官兵们无所畏惧，前仆后继，绝大多数人血洒疆场，包括团长任辅臣在内。

总之，这时的旅俄华工已经由昔日被人役使的苦力群体，变成了一支具有国际主义觉悟、勇敢坚定、不怕牺牲、特别能战斗的队伍，其中还涌现出不少优秀的军事指挥员、工人运动的组织领导者和布尔什维克党人。其整体的组织性也不断得以加强，建立起最高组织机构——"旅俄华工联合会"（前身为"中华旅俄联合会"）。其主要组织者和领导人是留俄学生出身的广东籍人士刘泽荣。在他的主持下，该会为维护旅俄华工权益和指导旅俄华工投身革命斗争，做了大量卓有成效的工作。这一切，都离不开十月革命的历史背景。"旅俄华工与十月革命"，在华工史和世界革命史上，都留下了它不朽的篇章。

八 血汗浇铸的丰碑

 南洋建设的基石

罪恶的华工贸易，给中国人民特别是千百万被贩运出洋的华工造成深重的灾难，给殖民主义者带来巨额的资本积累。而从世界经济、文化发展史的角度看，出洋华工又以其聪明才智和艰辛劳作，为旅居地的开发和建设，作出了不可磨灭的巨大贡献，他们以其心血汗水，在异国他乡的土地上浇铸永存的丰碑。这是世界上一切公正的人们都有目共睹和为之敬仰的。

当今东南亚地区（即通常所说的"南洋"）的华人总数不下 2000 万，占海外华人总数的90％以上。这当然经过一个漫长的历史积累过程，而中国近代时期的华工移民不失为其重要基础。华工们在该地区的经济建设中发挥了巨大作用。

在大量华工进入以前，该地区地广人稀，许多可耕土地任其荒芜，土著民族当然也耕种部分土地，但生产技术比较原始和落后。大量华工到后从事垦殖业，他们勤劳刻苦，又有着比较先进的耕作技术，大力开荒垦田，改进耕作，既大幅度扩展了耕地面积，又大幅度提高了单产和总产。拿种稻来说，东南亚人原始的方法，是利用雨季把种子直接播于田中，出苗后便任其与杂草一起生长，以为杂草可以支撑稻秧免于倒伏。杂草与秧苗争肥，而东南亚人又无施肥的习惯，这样产量可想而知。同时，收割时节，又须在丛生的杂草之中拣摘稻穗。直到近代，东南亚有些地方还是如此。是华工们以先进的种植技术加以改进，影响和带动了土著人，使得精耕细作的经营方式在东南亚地区渐趋普遍。还有，东南亚地区蔬菜品种原本有限，种植技术也较粗劣，是华工们从祖国引进或是在当地培育出若干蔬菜新品种。譬如泰国（原称暹罗）出产的蔬菜，多为广东潮州的华人引进的品种，菲律宾的很多蔬菜则是福建籍华人引进的，这从其许多蔬菜（如白菜、韭菜、芹菜、黎珠菜、茼蒿、蕹菜、肉豆、菜豆等）的名称为闽语中的名称即可证明。这虽然有着一个较长的历史过程，但与近代华工亦不无密切关系。有些华工即受雇于专门的蔬菜种植园。

华工对东南亚地区经济作物的贡献就更为突出。该地区具有发展经济作物的理想土壤和气候条件。譬如印度尼西亚很宜于种植甘蔗，荷兰殖民主义者占领时期，就曾使用大量华工开辟蔗园。后来，有些华侨人士也在植蔗和制糖业方面有了相当的经营规模。印尼的胡椒更闻名世界，文岛（邦加岛）所产的白胡椒占世界总产量的80%以上，几乎全由华人种植。据统计，1910年华人在该岛经营的胡椒园587所，面积约

1.2 万公顷，使用华工 3300 多名。印尼的烟草种植业中也大量使用华工。从 19 世纪 60 年代开垦苏门答腊东海岸州烟草种植园后，输入华工 35 万人之多。还有印尼的橡胶种植园，也主要是靠华工作业。英属马来亚更以橡胶业为其重要的经济支柱。华人在这一领域有着开创性贡献。从 19 世纪 90 年代有明确的经济目的而种植橡胶的活动伊始，就是由华人倡导的，马来亚的第一个商业性橡胶种植园即产生于华人之手。到 1920 年的 20 多年间，马来亚的橡胶种植面积已达 220 多万英亩，橡胶年产量高达近 18 万吨，占世界总产量的一半以上，而大小橡胶园里所使用的华工估计不下十五六万人，是他们奠定了该地橡胶业不断发展的基础。这不但推动了马来亚的经济发展，而且也成为欧美工业发展的巨大助力。马来亚的一个殖民官员就曾这样说："假如没有中国人，就不会有现代的马来亚"，而"如果没有现代的马来亚的助力（按：指橡胶），欧洲和美国的汽车工业就永远不会有这样巨大的发展"。在东南亚地区工矿业的发展方面，华工也作出了巨大的贡献。当时，在该地区沦为殖民地的长时间里，殖民主义者顾虑殖民地新兴工业的发展，会与宗主国的工业品争夺市场，曾有意进行一定的限制，所以华工涉足的工业，多为加工制造业，如碾米业、木材加工业、椰油和榨油业、陶瓷业、皂烛业、酿酒业、食品业、鞋帽业等。不管是在殖民主义者直接控制的厂家还是华侨业主的厂家，劳工都多为华工。

相比之下，华工投身矿业者更多，所起的作用更大。东南亚地区的矿产非常丰富，像马来亚的锡矿，印尼的锡矿、金矿和煤矿，菲律宾的金矿和铜矿，当时都有大量华工投入其中。采矿的劳动强度和危险性都很大，而华工们吃苦耐劳，不畏艰险，在极其困难的条件下，成年累月地劳作，流血流汗，成为该地区矿业发展的强大动力。譬如印度尼西亚的文岛和勿里洞岛富有锡矿，采矿的劳工90%以上是华工。华工的大量投入使这两岛的锡产量猛增，19世纪50年代时年产不到万吨，到20世纪40年代初增至5万吨。在马来亚情况更为典型。这里的锡矿业更是以华工为劳力支柱发展起来的。原有的旧矿，因华工的大量加入而迅速扩大规模，提高产量。原来的许多荒僻之地，由于华工发现和开辟锡矿，从而变得人丁兴旺，发展为一个个城镇。现在马来西亚的首都吉隆坡，本是一个荒僻的乡村，19世纪50年代，一个由87名华工组成的探矿队在这一带发现锡矿并进行开采，由于条件恶劣，不久他们就死去大半，华工们前仆后继，使这里的锡矿业日益兴旺，在此基础上形成市镇，并滚雪球般地越来越大。现在马来西亚的第二大都市怡保，也是在锡矿开采的基础上，由一片丛林变成一座现代化都市的。清末民初之际，马来亚的锡年产量超过5万吨，占全世界锡产量的大半，锡出口在当地经济中位列第一。当时锡矿工人20多万，几乎全是华工。20世纪20年代末，英属马来亚联邦最高官员曾有这样一番评论："从开始到现在，开采锡矿的全是中国人。经他们的努力，全世界用的锡一大半是马来亚供给的。是中

国人的精神和事业心造就了今日的马来亚。"中国华工
"是开矿的先锋，他们深入蛮荒，开辟丛林，冒尽一切
危险取得巨大成功"，"（殖民）政府的全部（财政）
收入是从华工的劳作、消费和娱乐以租税形式征收来
的。"可见，"在马来亚联邦的进步发展中，华工及其
业绩产生了多么巨大的决定性作用"。

岂止一地一业，在整个南洋地区的开发建设中，
华工们无异于承压负重的基石。

如果没有他们……

从 19 世纪 40 年代中期到 70 年代中期的 30 年间，
大约有 30 多万华工被贩运到拉丁美洲，在那里服各种
苦役，备经艰难困苦。前面述及的秘鲁、古巴华工的
情形就是一个缩影。而华工在拉丁美洲的发展史上所
作出的重大的贡献，是有口皆碑，永世不可磨灭的。

当秘鲁 19 世纪中叶面临国际市场对蔗糖和棉花的
大量需求，在废除黑奴制后苦力又严重紧缺的形势下，
便把从中国掠入的大约 10 万名华工的近 9 万名投置在
种植园中，从事甘蔗和棉花的生产。雇用上百名华工
的种植园比比皆是，有的大种植园竟使用多至 1500 名
华工。在该国种植园比较集中的一些地区，华工甚至
成为那里的主要人口。田间、工场，无处不见劳作的
华工人群，以至于西方考察者见到这种情况，感到那
里"好像是亚洲的田野"。华工们以自己的血汗，浇灌
出秘鲁田园的丰收，使秘鲁农业出现欣欣向荣的局面。

拿甘蔗生产来说，1875 年的全国总产量相当于该国脱离西班牙殖民统治不久的 1826 年时的 35 倍。糖的产量也迅速提高。这除与甘蔗产量提高有着直接关系外，还大大得益于华工对炼糖技术工艺的改造。棉花产量也大幅度提高，并且成为秘鲁对外出口的主要农产品之一。秘鲁向英国出口棉花 1865 年时不到 9000 英担，而到了 1873 年时就猛增到近 10 万英担，而这些出口棉花的源地主要是使用华工的种植园集中区。此外，华工还是秘鲁种植水稻的先驱者。

华工在秘鲁的鸟粪开采业中也是主力军。因为这项劳动的强度大，环境条件恶劣，当地人望而生畏，便驱使华工来做。鸟粪是当时秘鲁对欧洲的重要出口物，对其财政收入具有举足轻重的影响。据有的材料提供的统计数字，1840 年至 1880 年秘鲁共采鸟粪 1200 万吨，价值 7.5 亿比索，其中绝大部分是生产于集中使用华工时期。而收入的一半以上用于政府的行政开支。同时，鸟粪出口对于减少秘鲁巨额的贸易逆差起了重要作用。当时，秘鲁的外贸和财政形势相当严峻，19 世纪 60 年代末，每年的外债和财政赤字高达数千万索尔，出口鸟粪则成了避免财政崩溃的"救命符"。譬如与法国一家公司签订的一项出口 200 万吨鸟粪的合同，就换得对方预付 300 万索尔款项和承诺代还秘鲁部分外债的回报。正是因为当时的岛粪生产和出口与秘鲁国家和民族命运息息相关，因而秘鲁历史上把 1840～1880 年盛产鸟粪的这一时期称作"鸟粪时代"。

彪炳于秘鲁建设史的还有华工作为劳工骨干修筑

利马—奥罗亚铁路的一页。这条铁路是由美国人恩克里·梅格斯与秘鲁签订合同承修的。解决劳动人手问题是工程成功的关键所在，梅格斯有鉴于美国中央太平洋铁路工程中使用华工的先例，决定大量雇役华工，并取得秘鲁政府从中国招收 8000 名工人的专项特许。在这一铁路施工中最多时使用的华工达 6000 名，占其全部劳工人数的一半，其余为秘鲁和智利人。不论是雇主还是秘鲁方面的人士，都不能不承认，华工是"所能找到的最优秀的工人"，"是那个时代最出色的筑路工人"。

华工在秘鲁还做着各种"贱役"，不仅供役于富人，有的人还成年累月去做那些当地人认为不体面的活。譬如在秘鲁首都利马，寒冷、云雾浓重的早晨有零售热水的华人；贫民区里，有挨家挨户淘粪，再把粪肥送往田间的华人；大街小巷有捡拾烟蒂，既清洁了街巷，又为加工新烟增加一份原料的华人；等等。他们同样以自己的双手，为秘鲁的社会和人民生活做出奉献。因而他们的事迹得以在民间广为流传。

华工们对古巴经济发展所作出的贡献也是巨大的。甘蔗的种植和加工制糖是该地的支柱产业，蔗糖出口收入在其财政中具有举足轻重的地位。古巴的糖产量在独立战争前的 1868 年高达 70 多万吨，这与大批华工在蔗园和糖寮中成年累月地艰辛劳作密不可分。曾主持调查古巴华工情况的清朝官员陈兰彬就指出："该国入款以糖税为大宗，而糖出息又以华佣多寡为盈绌关键。"华工们不但勤苦耐劳，而且表现了很高的聪明才智，善于经营。特别是一些人取得自由身份以后，从事各种服务性行业，不但改善了自己的经济条件，而且为古巴社会创造财富和为当地民众生活提供了方便。到 19 世纪 70 年代初，古巴西部省区的城镇中，几乎都有许多华人开的商店。居民生活所需的蔬菜，在相当长的时间里从生产到销售也几乎都是由华人承担的。至于零售日用品的华人货郎，一本西人的著述中有这样具体生动的描述："他们身着蓝色粗布的上衣和肥大的裤子，脚上穿着一双没有后跟的拖鞋，头上戴着宽大的草帽，肩上横着一根扁担，挑着两个圆筐，内中零星杂货一概俱全。他们走街串巷，试图打动那些善于盘算的家庭主妇的心，劝说她们从他那儿买点什么东西。他们不是靠甜美的叫卖声来吸引顾客，而是手中拿着五六个小瓷碟，悠然自得地让这些小瓷碟依次从这只手落到另一手里，发出不断的清脆的响声，把那些心不在焉的主妇很快吸引到窗口来。"

不仅在秘鲁和古巴，凡有华工到过的拉丁美洲的一切地方，华工们都以自己的血汗乃至生命，为当地建设作出了贡献，为传播中华文明、密切与当地民众的联系，发挥了重要作用。譬如在英属圭亚那，由于大量华工被投置在种植园里，迅速改变了由于缺乏劳动力而导致的农业衰退的状况，使其庄园的景况"比过去任何时候都好"，产值成倍增加。在巴拿马，举世闻名的巴拿马运河工程也有华工参加。还有巴拿马铁路工程，前后投入 2 万华工，在"穴居野处，餐生饮冷"的极恶劣条件下承担重役险工，在工程中发挥了重要作用。连殖民主义者也不能不承认，中国人"无论走到哪里，都以他们不懈劳动促成那个地方的繁荣富足。在西印度（即指拉美地区），各方传来的报道，都证明中国移民对于其主要支柱事业的良好作用，如果没有来自东方各地的移民，那里……早已无法维持了"。是的，如果没有他们，拉美的历史将又是什么模样？

8 "华人先驱，功彰绩伟"

让我们再看一下北美的情况。

华工在修筑美国太平洋铁路工程中所经受的艰险、所付出的巨大代价以及当时所遇到的极不公正的待遇，前面已详细谈到。然而，华工们在这项工程中所作出的巨大贡献也是抹杀不了的。即使在当时，太平洋铁路公司的"四巨头"之一，最先倡导使用华工的克罗克，面对事实也不能不承认："我们所建筑的铁路之所以提前建成，在很大程度上要归功于那些贫穷而受人轻视的华人劳工，归功于他们所显示出来的忠诚和勤奋精神。"因为正是在该公司面临劳力紧缺、进度缓慢的极端窘困的情况下，大量华工的投入使局面顿时改观。所以，华工曾有"克罗克宝贝"之称。在后来有些美国人写的著作中，对此更给予了高度评价。例如霍华德在《宏伟的钢铁线》中说："如果没有中国人关于使用炸药的知识并重视炸药的用途，如果没有中国人在令人目眩的高空贴在几乎垂直的悬崖上作业，如果没有中国人用生命闯过了白人难以忍受的艰苦难关，中央太平洋铁路公司负责的路段决不会建成。如果建成，时间上也要拖得很久。"1964 年，中央太平洋铁路所穿越的内华达州在纪念建州 100 周年时，宣布 10 月 24 日为向华人先驱致敬日，并且树立永久性纪念碑，上面用中英两种文字铭刻："华人先驱，功彰绩伟，开矿筑路，青史名垂。"这不仅是对华工在中央太平洋铁路工程中贡献的褒扬，实际上也是对华工在其他铁路工程，以及在美国西部开发和所参与的一切美国建设项目中发挥巨大作用的肯定。

继中央太平洋铁路干线修筑之后，到 19 世纪 90 年代初期，又相继修筑成四条支线，所有这些铁路工程都有大批华工参加。北太平洋铁路公司曾雇用过 1.5 万名华工。在 1870 年和 1871 年，华工帮助修筑了圣华金峡谷中中央太平洋和南太平洋公司负责的干线。他们参加修建了连接洛杉矶的铁路线，还帮助修建了 1876 年完工的蒂哈查皮山口有 17 条隧道的环形线。在这条铁路线上，1000 名华工修建了长达 6975 英尺的圣佛南多隧道，这是西部最长的一条隧道。这条连接旧金山和洛杉矶的铁路开发了富饶的中央大峡谷，在加利福尼亚的农业发展及后来首屈一指的工业中起了重要作用。华工还帮助修筑了由萨克拉门托向北沿着沙斯塔山脉延伸到波特兰的铁路线。华工参加修筑的纵横全国的铁路，对于美国来说绝不仅仅具有经济上的意义，而且也是推动该国成为一个统一国家的很重要的因素。

华工在美国还充当了垦荒的生力军。加利福尼亚州的情况颇为典型。该州面积近 16 万平方英里，几乎相当于一个法国。19 世纪初，这里还是一片地旷人稀（人口仅 3 万余）的"蛮荒"景象。虽说淘金热使得这里成为闹区，而垦荒绝不是美国白人所乐于从事的工作。大批的华工却以此为业，并且干得十分出色。美国国会调查机构曾向担任过加州最高法院助理法官和一垦荒公司顾问的海登贾尔特提出咨询，其问答如下：

问：开垦沼泽地是一件非常危险的事情吗？

答：是非常危险的。

问：用什么劳动力来开发它？

答：用中国人的劳动力。

问：你不能用白人去担任这种工作吗？

答：我认为不能，亦无从去找。这种工作白人不愿去干的，白人一般是乐于担任较易于应付而且工资又较多的工作。

当时的情况是：由淘金热和太平洋铁路的修筑带来加州人口的剧增，成熟的沃地被割占殆尽。仅铁路公司所获得的铁路两边的赠地在该州就达 2000 万英亩，其余则多为白人农场主、土地投机商和其他白人定居者所占有，开垦沼泽和沙荒地便成为加州建设的一项重要而艰巨的工作。在萨克拉门托和圣华金河三角洲，大片的洼地积满淤泥和腐烂的杂草、芦苇、图里（这种植物一季就能长 10 英尺高）。国会把这样的沼泽地给了州里，州里又几乎无偿地给了个人——一英亩售价 1 美元，而买时只需付 20 美分现款，这一款项 3 年之内还要还给拓荒者本人。在这里，早来的美国人选择和占有的余地很大，住往从一块沼泽跳到另一块沼泽，故有"图里跳蚤"之称。雇佣廉价的华工开垦便成为他们的如意算盘。来这里的华工多为珠江三角洲一带的人，他们有着在这种洼地排水垦荒的经验和技术，干得十分出色。有例子说，一个"图里跳蚤"承包开垦一个小岛，他所雇佣的一批华工在小岛四周筑起一条 12 英里长的大堤，工作非常得法。经验被推广开来，不久三角洲的 55 个图里岛都筑起了"中国大堤"。比起开辟图里小岛，开垦主河道附近的大片沼泽地更须大批佣工。在这里还是由大批华工承担起最艰苦繁重的活计，他们常常要在齐腰深的水中干活，日工资仅为 1 美元，伙食还要自理，按日常的工作量计算，搬运 1 立方码（约合 0.76 立方米）泥土，报酬仅为 13.5 美分，这种活计的价钱是白人绝对不会接受的。在华工的手下，昔日的片片沼泽奇迹般地变为沃野。

然而，华工们最后连在自己垦出的土地上做一名普通耕种者的资格都没有，1870 年的《外侨土地法》禁止他们占有土地。他们至多是留在白人农场里做劳工，用他们的双手，种植着五谷、蔬菜和水果，以自己的血汗，浇灌出加州的米粮川和园圃。美国的一位历史学家这样说："他们（指华工）作为农业劳工的价值得到了普遍的承认，如果没有这些招之即来的廉价劳工，农场主常常不知道怎样开垦田地、收割庄稼。他们在多沙和低产的土地上种植庄稼，在炎热、沼泽地般的圣华金峡谷里干活，比白人效率高……几乎无人可以匹比。"

华工在修筑铁路和垦荒两项工作中对加州的财富贡献有多大？一个曾任加州总测量工程师的人估计是2.897亿美元。美方人士曾因而感慨地说："这笔财富是中国人提供给加州的，却完全归白人所有，由白人享受，而不是由中国人享受。中国人不能把这些财富拿走，甚至他们想拿走也不能拿走的。"

在矿业开发中也有大批效力的华工。在加州采矿的华工多时达2万人以上。在19世纪七八十年代，美国西部工业并不很发达，主要是一些轻工业厂家，以羊毛纺织为最盛，有上千华工在这类工厂中做工，其他像织麻、服装、鞋帽制作、香烟、玻璃、橡胶、制革等工厂里，都有华工从业。另外，还有许多华工做厨师、洗碗工、洗衣工等服务性工作。总之，在当时美国西部开发的每个行业、每处场地，几乎都少不了华工。就说旧金山的城市建设吧，为了填实沼泽地和潮淹地，搬掉沙丘，平整山坡，开辟街道，建造房屋，浩大的土石方工程量，多是华工靠一根扁担两个箩筐，一辆小车一只锹取运土石来完成的。今天，这里成为金融中心寸土寸金的宝地，离得开当年华工的奠基吗？

在加拿大，也曾有大批华工从事采矿、修路、耕作、渔业、裁缝、洗衣、家仆等工作。仅维多利亚一地，据 19 世纪 70 年代末的统计，华工的工种分布情况及人数是：家仆 300 人，制鞋工人 150 人，洗衣工 300 人，裁缝 100 人，劳工 700 人，金矿工人 1800 人，小贩 50 人，园丁及农工 1500 人，渔民 1100 人。除了由美国作为跳板进入加拿大的华工外，也有该国直接从中国招雇的。特别是 19 世纪 80 年代该国太平洋铁路的修筑，作为其西部开发的重要工程，急需大量廉价劳力，加拿大政府批准翁达唐克建筑公司从中国广东直接招雇 1.7 万名华工。被招华工乘帆船或汽船从珠江三角洲出发，横渡太平洋，径抵与加拿大西岸维多利亚一水之隔的埃斯奎姆尔特，然后转乘驳船到弗雷塞河谷一带，立即投入工作。在艰难的铁路工程中，华工成了一支出色的骨干力量。百年以后，加拿大官方仍坦白承认："加拿大太平洋铁路，如果不是华工的惊人努力，毫无疑义，是不可能于 1885 年完成的。"其他各行各业的华工，也为加拿大的经济发展，为密切中加人民间的联系，作出了自己的贡献。

 给这里的金矿重插翅膀

非洲特别是南非的情况也颇为醒目。

南非殖民当局把大量雇用华工作为恢复和发展金矿业，摆脱战乱之后财政经济困境的一项关键性措施。事实证明，这十分奏效。大量华工的投入，对南非金矿业和社会经济的全局性改观，起了重要作用。我们不妨通过英布战争前后以及大量华工投入以后有关情况的变化为例，加以对比说明。德兰斯瓦尔的兰德矿区，战争前夕拥有 11 万多土著工人，6200 多架钻机；战后的 1903 年 7 月，仅剩 5 万多名土著工人，使用的钻机只有 3700 多架。这一支柱性产业的严重亏损，使得该地经济严重滑坡，财政困难，英国新占领区德兰斯瓦尔和奥兰治预算出现了 70 万镑巨额赤字。德兰斯瓦尔各金矿大量使用华工之后，金产量直线上升，1905 年年产达到 490 多万两，比战前 1898 年时的 382 多万两超出近 110 万两；1906 年增至近 580 万两；1907 年高达 645 万两。金矿业的振兴使财政经济状况迅速好转，金矿使用华工一年之后，同期财政结算竟有 34.7 万镑的结余。使用华工的公司也赢得了高额利润，如西马杰克金矿公司，在使用华工之前，月平均利润约为 1.2 万镑，到大量使用华工一年多之后的 1905 年 8 月，利润额猛增到 3.06 万镑。可以毫不夸张地说，离开了华工的大量投入，就难有当时南非金矿业的恢复和发展，是华工给南非金矿业重新插上了翅膀。

华工与海外华人社会

不仅东南亚、拉美、北美、南非等地，在华工到过的世界其他一切地方（如澳洲、欧洲），也无不留下了他们血汗的结晶。

华工对旅居地的贡献不仅仅限于他们做苦工、"贱役"创造的劳动价值，还表现在华工是海外华人社会形成的重要基础，与整个海外华人社会存在密切联系。

首先，华工与华人业主之间有着密切联系。海外华人中有着一定比例的华人业主，他们经营商业或工业，具备了相当规模的华人资本实力，成为当地重要的经济力量，甚至成为部门性支柱。而这些华人业主中，有一部分就出身于华工。当然，华工当中的大部分或是在役期被折磨致死，或是终生贫苦，能够积财致富上升到业主甚至较大资本家地位的只是少数，但存在这样的少数毕竟是事实。少数华工转化为业主、资本家，固然离不开一定的客观条件（譬如契约期满的华工能够真正成为自由民，以及后来各地对华工待遇普遍趋于改善等），同时也离不开某些偶然机遇，然而，最重要、最基本的是他们靠勤劳、节俭和善于经营积累起一定数量的资财作为置业的基础。

　　一本外国人写的研究当年印度尼西亚经济的著述中这样写道："欧洲或当地人无法做的事，或者不管怎样都无法完成的事，华人总是把这一任务承担起来。在临时搭成的屋棚里结伙而居的华人，每天有一把米或薯粉充饥就算不错。他们就是这样顽强地维持他们的精力，每星期以不到一分钱的咸鱼汤摄取充分的营养。他们靠信用来买卖商品，还向人赊销，因此，不久他们就靠一分二厘的年利率贷出数千元，成为一个得到当地民政官为其顾客的小资本家。"在受苦深重的拉美华工中，也有人"从挣得饭食、衣着和每月四个比索的工资起家，逐渐积累到二万、三万甚至四万元的资本"。当年秘鲁的一家报纸曾载文说："事实是中国人胜过了秘鲁人，成为他们饭食的供应者，并且在

143

许多行业中击败了他们，而他们却不知如何和中国人竞争。这些都要归功于中国人所富有的商业才能，他们吃苦耐劳，善于谋算，并深知我们的民族。那些可怜的被剥夺了几年权利的人，已成为拥有自己资产的人，拥有自己公司的人。在公共财富中，他们也许代表着百万资本。"

外国学者的有关著述中也提供了许多具体事例。譬如，一个被叫做曼努埃尔·德拉克鲁斯的华工，他是最早被掠卖到秘鲁的华工之一，曾在种植园中服苦役，备受虐待和蔑视，当他完成了契约中所规定的服役年限后，开始从事自由劳动，积攒下一笔钱终于成为一个有资产的人。当年秘鲁有不少华工出身的人开办的商号，像"永发号"、"邝记"、"邓记"、"郑记"等若干家，都是比较著名的。特别是"永安昌"商号，规模颇大，在巴拿马、智利设有分号，被誉为"华商之冠"。有人则经营工业。在古巴的马坦萨斯省，有3名华工出身的人合资买下格拉蒂都特制糖厂，发展到年产糖6万袋的规模。在东南亚，情况更为典型，直到第二次世界大战前夕，在该地区的许多国家，还醒目地保持着这样一种行业格局，即当地人从事农业，商业除了进出口大企业由殖民主义者一手控制外，一般性商业，特别是民间商业，多由华人经营。这些业主当中，许多是由华工转化而来的。城乡小型商店、商行是东南亚华人商业的主要形式。这种商业尽管就单个来说规模较小，但聚零为整，就形成了很可观的经济力量，并且对方便城乡人民生活发挥着不可替代的重要作用。工业方面也存在着类似情况。一般说来，华人工业厂家规模不大，但数量较多。譬如，据 20 世纪 30 年代的统计，印度尼西亚爪哇一地就有 727 家华人经营的花裙厂，西爪哇产米区的格拉横、芝干北一带 70 家碾米厂中，华人经营的有 27 家。全印尼的肥皂厂 80% 以上为华人经营，机械修理厂绝大部分也是华人开办的。并且，不论在商业还是工业方面，都有少数具有较雄厚经济实力的华工出身或为华工后裔的人成为业主。

华工与海外华人业主之间的联系，不仅反映在一部分人的身份转化上，还有很重要的一点，就是华工也是华人业主使用的主要劳力资源。尽管这是一种工人与资本家的关系，但在旅居海外的特定条件下强烈的民族认同感，在一定程度上打破了其间阶级对立的界线，他们风雨同舟，齐心敬业，结成了亲密的华人群体。这既对维护海外华人自身的利益起着重要作用，同时也是旅居地经济发展的强大推动力。

华工对传播中华文明、促进世界文化交流更是功不可没。诚然，他们作为贫苦的劳动者，多是文盲，但有着丰富的生产经验和熟练的劳动技能，这本身就具有重要的文化内涵，并且，华工中不乏特殊技术的人。譬如有的华工就具有较丰富的中医知识。有资料说，古巴华工中有位姓钱的华医，医术高明又乐善好施，经常义务给当地穷人治病，自己终身则一贫如洗，病危时许多满怀感激之情的古巴人守护在他身旁，含泪为之送终。在当年的古巴，华医的医术高超是出了名的，甚至传流下"连中国医生都治不好"（意思是说也就没有希望了）之类的谚语。在美国旧金山，中草药治病非常普遍，当时有位叫李坡泰（音译）的华人，是加州最受欢迎的医生之一，他经营了一家中药铺，生意颇为红火。

此外，在道德习尚、风俗习惯、生活方式等方面，华工及其所属的海外华人社会，也自然而然地充当着中华古国文明的载体。华人带给海外的文化价值观念是多方面的。对此深有体察的一位外籍华人就曾列举说，华工有刻苦耐劳的精神，循规蹈矩、埋头苦干并有热爱劳动的禀性，认为劳动是高尚的，在当地人中产生了深刻的影响。在家庭观念方面，早期旅外华人中男女之比为几百比一，大多数是单身，但家庭的纽带对他们的维系依然十分牢固。他们忘我地干活，就是为着能有钱寄回养家，而且一旦有可能，最大的心愿就是能让孩子读书。这种不忘家庭、重视家庭的品德，就像循规蹈矩和勤劳节俭一样，也给当地带来良好的风习。华工还带来了在艰难困苦之中从精神上慰藉他们生活的民间文化，譬如在矿区能见到弹唱说书和演戏者，在略识文字的人中间传阅破烂不堪的中国书籍，欣赏和制造民间工艺品等。

同时，从基于侨乡地缘性因素而形成的"乡帮"（如"福建帮"、"潮州帮"、"广府帮"、"客家帮"等），到基于业缘关系而形成的"行帮"，乃至基于民族认同而形成的海外华人社区（譬如在海外许多地方都有"唐人街"），都在相当程度上保持着故乡的文化习惯，特别是在较大的华人社区更是这样。职业、身份、地位不同的华人相对集中地聚居一起，在异国他乡，过着"中国式"的文化生活，譬如有的社区专门建有神庙，供奉中国传统的神祇，过传统的中国节日，像清明节、中秋节特别是"中国年"（春节）。这对于当地了解中国文化来说，无疑保持了一个极好的展览橱窗。此外，华人团体和社区着眼于克服海外华人中存在的一些落后、消极因素，提高同胞们的文化素质，加强其间的团结，建立起各种类型的文化教育机构，这同时也是对当地文化建设的贡献。

结　语

　　中国近代时期的海外华工史，主体上是一部苦力贸易史，它是殖民掠夺的产物。

　　纵观其历程，最早是始于向"南洋"（东南亚地区）贩运"猪仔"华工。早在鸦片战争前若干年，随着殖民主义者对南洋诸多地方的占领，即开启了向那里诱骗和拐掠华工的恶例。到19世纪20年代，更发展形成以海峡殖民地为中心的"猪仔"贩卖制度。不过，那时的清王朝还没有丧失主权，它所实行的闭关、海禁政策还有切实的效力，殖民主义者诱掠华工的活动也就不能大张旗鼓地明令公行。在"猪仔"贩卖的规模上也就相应受到限制。

　　鸦片战争以后，中国沦为半殖民地国家，主权受到严重侵害，殖民主义者利用不平等条约划定的通商口岸作为基地和据点，疯狂地掀起贩运华工的恶潮，不但大规模地向南洋贩运，而且扩大到向拉丁美洲、北美洲以及世界其他诸多地方贩运。19世纪60年代后，列强通过不平等条约进而获得了在华"招"工的"合法"护符，更肆无忌惮地从事惨绝人寰的"黄奴"

贸易。大致看来，这一罪恶的特殊贸易，从 19 世纪 40 年代中期到 70 年代中期为其最典型期和高潮期，以后则趋于衰落。当然，并非直线下跌，时有波澜再起的现象。譬如，英殖民主义者向南非大量贩运华工，主要是在 20 世纪初年。特别是第一次世界大战爆发后，协约国方面的英、法、俄等国，又掀起一次役使华工的恶潮。虽说这次不论是持续时间还是总体规模都远不敌以前的高潮期，并且其获取和使用华工的具体情况较前也有所不同——当时中国结束了清王朝的统治和封建帝制的延续，但是，作为半殖民地半封建的中国受着列强的宰割、控制，这一中外关系的基本格局并没有改变，甚至变本加厉，因而这次华工潮仍然是由殖民主义的魔杖搅起，并且更直接为其不义战争服务，故可以把它视为中国近代时期苦力贸易全局中的一个特别场次。至于其间由于十月革命的发生，旅俄华工的情况前后发生很大变化，则属中国近代华工史上的特例。

第一次世界大战结束后，贩运华工出洋仍然没有销声匿迹，甚至还一度出现向南洋贩运华工的回潮现象。及至 30 年代，华工作为苦力被贩出洋的情况方告结束。推究苦力贸易由兴转衰而终至消亡的原因，从资本—帝国主义方面看：一则，不断加剧的经济危机造成其本地（本土或殖民地）失业后备军的不断增加，而生产机械化程度的提高也使劳动人手的需求量相应下降，这都成为其不再像以前那样急需输入大量廉价劳动力的因素；二则，由于交通和通讯条件的显著改善，大大方便了西方国家向远东特别是地大人多的中国倾销商品，而这使试图走出经济萧条困境的有关国家找到了比贩运华工更为有效的途径；三则，随着列强对华资本输出的不断扩大，在它们于中国兴办的工矿企业中就地役使廉价华工，已比将其运往海外更为便捷有利。从中国和世界劳工方面看，其反压迫、争自由、求解放的觉悟程度和斗争水平不断提高，革命运动不断高涨，不能不给资本主义世界所从事的包括贩卖华工在内的殖民侵略活动造成越来越大的困难和压力。由于上述种种复杂因素，苦力贸易终于结束。

而后，随着新中国的成立，赶走了帝国主义侵略势力，结束了腐朽政权的统治，国家和人民的地位条件发生了根本性变化，苦力贸易也就永远成了历史的陈迹。而与昔日华工族有着密切渊源联系的海外华侨、华人社会，则从此有了独立自主、日益富强的祖国作可靠依托。

参考书目

1. 陈翰笙主编《华工出国史料汇编》（共 10 辑 11 册），中华书局，1980~1985。

2. 暨南大学华侨研究所编《华侨史论文集》第 1~6 集，1981~1986，内部刊印。

3. 郑民、梁初鸣编《华人华侨史研究集》第 1、2 册，海洋出版社，1989。

4. 吴泽主编《华侨史研究论集》，华东师范大学出版社，1984。

5. 庄国土著《中国封建政府的华侨政策》，厦门大学出版社，1989。

6. 李永昌著《旅俄华工与十月革命》，河北教育出版社，1988。

7. 陈依范著《美国华人史》，韩有毅、何勇、鲍川运译，世界知识出版社，1987。

8. 陈烈甫著《东南亚的华侨、华人与华裔》，台北，正中书局，1983。

9. 〔澳〕杨进发著《新金山——澳大利亚华人 1901~1921 年》，姚楠、陈立贵译，上海译文出版社，

1988。

10. 〔美〕沈巳尧著《海外排华百年史》（增订第2
版），中国社会科学出版社，1985。

《中国史话》总目录

系列名	序号	书　名	作　者	
物化历史系列（28种）	30	石器史话	李宗山	
	31	石刻史话	赵　超	
	32	古玉史话	卢兆荫	
	33	青铜器史话	曹淑芹	殷玮璋
	34	简牍史话	王子今	赵宠亮
	35	陶瓷史话	谢端琚	马文宽
	36	玻璃器史话	安家瑶	
	37	家具史话	李宗山	
	38	文房四宝史话	李雪梅	安久亮
制度、名物与史事沿革系列（20种）	39	中国早期国家史话	王　和	
	40	中华民族史话	陈琳国	陈　群
	41	官制史话	谢保成	
	42	宰相史话	刘晖春	
	43	监察史话	王　正	
	44	科举史话	李尚英	
	45	状元史话	宋元强	
	46	学校史话	樊克政	
	47	书院史话	樊克政	
	48	赋役制度史话	徐东升	
	49	军制史话	刘昭祥	王晓卫
	50	兵器史话	杨　毅	杨　泓
	51	名战史话	黄朴民	
	52	屯田史话	张印栋	
	53	商业史话	吴　慧	
	54	货币史话	刘精诚	李祖德
	55	宫廷政治史话	任士英	
	56	变法史话	王子今	
	57	和亲史话	宋　超	
	58	海疆开发史话	安　京	

系列名	序号	书 名	作 者
交通与交流系列（13种）	59	丝绸之路史话	孟凡人
	60	海上丝路史话	杜 瑜
	61	漕运史话	江太新　苏金玉
	62	驿道史话	王子今
	63	旅行史话	黄石林
	64	航海史话	王 杰　李宝民　王 莉
	65	交通工具史话	郑若葵
	66	中西交流史话	张国刚
	67	满汉文化交流史话	定宜庄
	68	汉藏文化交流史话	刘 忠
	69	蒙藏文化交流史话	丁守璞　杨恩洪
	70	中日文化交流史话	冯佐哲
	71	中国阿拉伯文化交流史话	宋 岘
思想学术系列（21种）	72	文明起源史话	杜金鹏　焦天龙
	73	汉字史话	郭小武
	74	天文学史话	冯 时
	75	地理学史话	杜 瑜
	76	儒家史话	孙开泰
	77	法家史话	孙开泰
	78	兵家史话	王晓卫
	79	玄学史话	张齐明
	80	道教史话	王 卡
	81	佛教史话	魏道儒
	82	中国基督教史话	王美秀
	83	民间信仰史话	侯 杰
	84	训诂学史话	周信炎
	85	帛书史话	陈松长
	86	四书五经史话	黄鸿春

系列名	序号	书名	作者	
思想学术系列（21种）	87	史学史话	谢保成	
	88	哲学史话	谷 方	
	89	方志史话	卫家雄	
	90	考古学史话	朱乃诚	
	91	物理学史话	王 冰	
	92	地图史话	朱玲玲	
文学艺术系列（8种）	93	书法史话	朱守道	
	94	绘画史话	李福顺	
	95	诗歌史话	陶文鹏	
	96	散文史话	郑永晓	
	97	音韵史话	张惠英	
	98	戏曲史话	王卫民	
	99	小说史话	周中明	吴家荣
	100	杂技史话	崔乐泉	
社会风俗系列（13种）	101	宗族史话	冯尔康	阎爱民
	102	家庭史话	张国刚	
	103	婚姻史话	张 涛	项永琴
	104	礼俗史话	王贵民	
	105	节俗史话	韩养民	郭兴文
	106	饮食史话	王仁湘	
	107	饮茶史话	王仁湘	杨焕新
	108	饮酒史话	袁立泽	
	109	服饰史话	赵连赏	
	110	体育史话	崔乐泉	
	111	养生史话	罗时铭	
	112	收藏史话	李雪梅	
	113	丧葬史话	张捷夫	

系列名	序号	书　名	作　者	
	114	鸦片战争史话	朱谐汉	
	115	太平天国史话	张远鹏	
	116	洋务运动史话	丁贤俊	
	117	甲午战争史话	寇伟	
	118	戊戌维新运动史话	刘悦斌	
	119	义和团史话	卞修跃	
	120	辛亥革命史话	张海鹏	邓红洲
	121	五四运动史话	常丕军	
	122	北洋政府史话	潘荣	魏又行
	123	国民政府史话	郑则民	
	124	十年内战史话	贾维	
近代政治史系列（28种）	125	中华苏维埃史话	温锐	刘强
	126	西安事变史话	李义彬	
	127	抗日战争史话	荣维木	
	128	陕甘宁边区政府史话	刘东社	刘全娥
	129	解放战争史话	汪朝光	
	130	革命根据地史话	马洪武	王明生
	131	中国人民解放军史话	荣维木	
	132	宪政史话	徐辉琪	傅建成
	133	工人运动史话	唐玉良	高爱娣
	134	农民运动史话	方之光	龚云
	135	青年运动史话	郭贵儒	
	136	妇女运动史话	刘红	刘光永
	137	土地改革史话	董志凯	陈廷煊
	138	买办史话	潘君祥	顾柏荣
	139	四大家族史话	江绍贞	
	140	汪伪政权史话	闻少华	
	141	伪满洲国史话	齐福霖	

系列名	序号	书名	作者
	142	人口史话	姜涛
	143	禁烟史话	王宏斌
近代经济生活系列（17种）	144	海关史话	陈霞飞　蔡渭洲
	145	铁路史话	龚云
	146	矿业史话	纪辛
	147	航运史话	张后铨
	148	邮政史话	修晓波
	149	金融史话	陈争平
	150	通货膨胀史话	郑起东
	151	外债史话	陈争平
	152	商会史话	虞和平
	153	农业改进史话	章楷
	154	民族工业发展史话	徐建生
	155	灾荒史话	刘仰东　夏明方
	156	流民史话	池子华
	157	秘密社会史话	刘才赋
	158	旗人史话	刘小萌
近代中外关系系列（13种）	159	西洋器物传入中国史话	隋元芬
	160	中外不平等条约史话	李育民
	161	开埠史话	杜语
	162	教案史话	夏春涛
	163	中英关系史话	孙庆
	164	中法关系史话	葛夫平
	165	中德关系史话	杜继东
	166	中日关系史话	王建朗
	167	中美关系史话	陶文钊
	168	中俄关系史话	薛衔天
	169	中苏关系史话	黄纪莲
	170	华侨史话	陈民　任贵祥
	171	华工史话	董丛林

系列名	序号	书　名	作　者
近代精神文化系列（18种）	172	政治思想史话	朱志敏
	173	伦理道德史话	马　勇
	174	启蒙思潮史话	彭平一
	175	三民主义史话	贺　渊
	176	社会主义思潮史话	张　武　张艳国　喻承久
	177	无政府主义思潮史话	汤庭芬
	178	教育史话	朱从兵
	179	大学史话	金以林
	180	留学史话	刘志强　张学继
	181	法制史话	李　力
	182	报刊史话	李仲明
	183	出版史话	刘俐娜
	184	科学技术史话	姜　超
	185	翻译史话	王晓丹
	186	美术史话	龚产兴
	187	音乐史话	梁茂春
	188	电影史话	孙立峰
	189	话剧史话	梁淑安
近代区域文化系列（二种）	190	北京史话	果鸿孝
	191	上海史话	马学强　宋钻友
	192	天津史话	罗澍伟
	193	广州史话	张　磊　张　苹
	194	武汉史话	皮明麻　郑自来
	195	重庆史话	隗瀛涛　沈松平
	196	新疆史话	王建民
	197	西藏史话	徐志民
	198	香港史话	刘蜀永
	199	澳门史话	邓开颂　陆晓敏　杨仁飞
	200	台湾史话	程朝云